| 吾道文丛 |

我的治学渊源和精神

[美]成中英 著

岳麓書社·长沙

作者像

1958 年，作者与父母弟妹摄于台北家中

1960 年，作者就读于哈佛大学哲学系

1961 年，作者与余英时先生摄于哈佛校园哈佛铜像前

1964 年，作者摄于哈佛大学

1965 年，作者出席夏威夷大学东西哲学家国际会议，与方东美师及前辈学人陈荣捷、梅贻宝、谢幼伟、唐君毅等先生合影，同辈刘述先也在场

1966 年，作者与维也纳学派著名科学哲学家 Herbert Feigel 在科学哲学学术会议中

1984 年，作者与哈佛博士导师 W.V. Quine（蒯因）在出席 Quebec 会议时同游瀑布景点

2010 年，作者摄于西山庭院

2016 年，作者与英国牛津大学哲学系威廉森教授共同演讲

2019 年，作者与德国哲学家 Michael Forster 等摄于台北故宫博物院

勉　辞

子在川上，曰：“逝者如斯乎！不舍昼夜。”吾游九寨沟，见山泉勇猛奔腾而过，不禁叹曰：“来者如斯乎，分秒必争。”吾岂非承夫子之先，而开来者之后乎？谨以此书勉赠新一代的思想者。

成中英　岁在壬寅

檀香山生生不息斋

引　言

此书包括三部分，第一部分分为十节，包含回顾我研究哲学的早期背景。其中包含从童年到中学时代的战争背景与自然体验，大学时代的哲学启蒙与对中西哲学发展的向往，华盛顿大学与哈佛大学求学过程，夏威夷大学教学与研究发展，认识与反思当代诠释学，对本体概念的分析与对本体学概念的订正，诠释学的诠释意义说明，诠释自我主体性及其结构发展，关于建立“生命十性论”的思考，2012 的课程回顾及其含义。第二部分主讲本体自我与本体诠释的理论，分为四节。第三部分主讲本体诠释学作为哲学方法的展开，分为十八小节。然后做出一个简明的结论。第二和第三部分是从我的四百页的书稿中抽引出来的，重点探讨。其中有关问题的说明和彼此的关联都可以从第一部分我的学术背景中取得相应的答案，也可以参考出版后的全部书稿。由于此一写作方式有特殊性，如果造成理解的困难，只好请读者包涵了。

目 录

第一部分

我的哲学思考背景与前解

从童年到中学时代的
战争背景与自然体验

近来学者同仁常常问到我的哲学发展的过程，为什么我进入哈佛大学学习逻辑与分析哲学，后来又把兴趣放在中国哲学的重建以及中西哲学的比较研究，而最后走向一个世界诠释学的道路。在我对自己哲学兴趣发展的反思中，我不能说我一开始就重视哲学。在最开始并不知道哲学为何物，但不能不说人生的一些际遇和经验，往往引导人们走向哲学的深思，把哲学当成自己的生命之火焰了。我在从事一本哲学自传的撰写，对我哲学发展的过程有所描述。在这里我想简单地提示我早期生命经验如何逐渐导引我走上寻求生命智慧与对世界存在的关注。我出生在 1935 年南京一个具有浓厚儒家色彩的家庭之中。我的父亲成惕轩先生接受了传统教育与私塾的教育，对当时受天灾人祸的民众抱有救济爱护之心。他以杜工部与范仲淹为他生活的写照，他在民国初年遇到长江大水泛滥成灾，写了《灾黎赋》篇章，受到时贤的重视。他从家乡湖北阳新到南京参加文官考试，获得第一名。而后他教书与从政，莫不以怜才爱才，为他作为大学教授与考试院委员的主要目标。我从小到大，不能不说受到我父亲行事风格的潜移默化，认为这是作为一个人的基本态度。从中学到大学这个阶段，一直保有这样一个儒家的品质。

在抗日战争中，我随父母亲迁移到重庆乡下躲避日本侵略者的疲劳轰炸，心中常常兴起对日本人侵略中国的痛恨，但却不了解何以中国受到侵略，而必须受苦受难艰苦奋斗。我当时在小学阶段，并没有生死存亡的危机感，但却仍然感受到中国人必须强盛起来，不受他人欺负，是做人和为国的基本道理。但不知道如何使中国强起来，只知道爱国强军不做汉奸是中国人应有的基本气节。当时受的教育的确都是爱国教育，对中国历史文化的认识也只限于小学的历史课本所描述的古代贤人与贤君的故事。抗战期间，我在重庆的乡间却享受到大自然的乐趣，往往要和小动物斗智。为了捕捉蝉虫蜻蜓与蝴蝶，和其他小学生找寻蜘蛛网，作为捕捉的工具。看到田边小鱼，树颠立鹭，会感到一种亲切。我想这种经验是很重要的，在以后思考生命的自然与真实之时，也就有了更生动更自然更具体的例证了。

到了中学时代，我从乡村搬入城市。小学四年级，开始读一些中国民间小说故事，如《七侠五义》《封神榜》等。但是要到初中时代，才逐渐读到《三国演义》《水浒传》等名著小说。《红楼梦》一书要到大学时代才读完。我不知道这些读书经验对我以后学哲学有多少影响，但它却是我好奇心的一个表现。我很好奇，对自然好奇，对书本也好奇，觉得需要探究一番。这种好奇与探究的心理，一直发展下去到中学时代。我开始接触到西洋的翻译文学，已经到了高中一年级阶段。那时（1949年）我随父母已因内战迁移到台湾，在当时我考取的建国中学图书馆里，我发现了整个“五四”时代的文学宝库。在我的功课之外，我就专心读那些著名的文学作品，包括鲁迅、茅盾、老舍、巴金等。巴金的《家》《春》《秋》很震动我，对传统礼教的束缚个人自由，产生一种反对和打倒的心态。这也使我更重视现代化的发展和对西方先进制度的一种向往。在另一方面我又觉得中国的传统文学与诗词以及典籍，也有它们的价值，只是没有发挥出来。因此，我觉得要理解中国历史传统的价值和制度的发展，作为一种精神文明的追求，是十分重要的。这让我后来十分关心中国政治制度史与中国哲学史这两个方向的学问。进入台湾大学一年级之时，我读了钱穆的两本书，一本是《先秦诸子系年》(1935)，一本是《中国历代政治得失》(1952)。在那段时间，其实我最有兴趣的是对自然宇宙的理解。记得当时在中学的图书馆里面，我找到两本书并仔细研读，一本是张云的《天文学概论》，另一本是爱因斯坦的《相对论介绍》英文版。我当时在高中二年级，正在学习立体几何学。因此能够从一个立体的观点来看待宇宙的空间，但对时空与天体的认识还只是在萌芽中。而当时也没有哲学的眼光来思考这个问题，可能我心中已经萌生了探讨宇宙真相的心愿。

从以上的回忆中，我对历史与自然的好奇，甚至于对人的存在的好奇，都逐渐把我导向哲学思考之路。我在考入台湾大学外国文学系之前，已经把兴趣放在西方文学上。这是因为我受到“五四”时代翻译文学的影响，在高中二年级就读到屠格涅夫、托尔斯泰以及果戈理等苏联文学的翻译本，对西方的生活世界有一种梦幻式的向往，实际并不真实，但却能够触动我年轻的心灵。有一本翻译文学作品，是讲述文艺复兴时代中达·芬奇的故事，以及当时教会与社会腐烂的内情，觉得西方人和东方人有太大的不同，觉得虽然可以欣赏那时的文学，但却不能相信自己可以过那样的生活。后来又读到法国文学，尤其是20世纪初期的浪漫自然主义文学，如纪德的《地粮》等书，却不知道纪德与当时的存在主义发展有密切关系。由于对西方文学的浓厚兴趣，我报考大学选择了外国语文学系，开始系统地读西方文学的名著。从希腊的史诗与悲剧以及犹太的《圣经》，到罗马的史诗维吉尔与欧洲中世纪但丁的《神曲》，再到德国文学中歌德的《浮士德》，无一不精心感受。随后三年级学科的安排侧重在英国文学，对英国文学小说与诗歌也都产生过深刻的兴趣，尤其对20世纪的作家，如狄更斯与哈代，更读了他们许多作品。哈代的小说我几乎读了十本之多。本来大学很想以哈代史诗作为大学毕业论文的主题，但最后仍然回到希腊文学中的埃斯库罗斯（Aeschylos，约前 525—前 456）的神话悲剧，作为毕业论文的主题。这是由于我对希腊神话和天空的星座比较熟悉吧。对于欧洲近代的悲剧意识，可能需要更长的时间来体会。因此，我当时没有选择近代而仍然回到古典。

大学时代的哲学启蒙
与对中西哲学发展的向往

1951 年我以同等学力考入台湾大学。在大学四年中，我虽然是以文学作为主修课，但如今回想起来，却觉得我从一年级就走上了哲学思考之路，而把哲学看成是一个必须追求的方兴未艾的学问。我有这样的想法是因为上了方东美先生的课程。他的哲学导论不但包罗万象，而且展现了人类文化传统的生活情调与精神面貌，以之为背景，来突显每一个文化传统或宗教传统的世界观、生命观与价值观。他对希腊与中国古代哲学的解说，也都是透过一个文化的活动来把握的。一方面，说到一个民族的现实生活；另一方面，说到一个民族的理想追求。他并不排斥任何一个文化体系，所以他对伊斯兰教穆罕默德的兴起的描述特别生动。他的出发点是文化现象学，但他的目标则在体现一个民族心灵的终极价值。方先生的文学背景很深厚，词汇也很贴切与生动，能够自然发挥出一种美感。他有一个本体观，就是能够把一个价值的理想与心灵的情调说得美好完善，让听者觉得那就是真理与价值之所在。因此所有的价值理想都具有崇高的品性，而且彼此并不冲突矛盾，反而形成一个和谐圆融的光彩世界。方先生讲课过程中，可以看见他随时发挥他创造的想象力，不受到时空的限制。因此，往往到了下课时间，他仍然在进行哲学的探讨和描述。方东美这样一个文化现象学的方法学与一个整体生动的本体描述，不但引发我对哲学的豪情，同时也激发我对人类文化传统深刻的哲学探索，并逐渐使我进入一个哲学的园地。有意思的是，方先生的哲学课程也促进我对文学的哲学思考的眼光。文学对我不仅是现实或理想的生活，情感的表达，也能成为对人生进入深度理解的资源。在读完大一的课程之后，我决定继续探讨哲学的其他课程。从陈康先生的亚里士多德到范寿康的中国哲学史，再到其他有关的哲学课程，如美学、形上学、伦理学，以及近代实证主义等课程。必须加强提出的是，陈大齐（1886—1983）先生开设的理则学对我兴趣的影响。陈先生的理则学讲亚里士多德的三段论法，也讲印度的因明学，也讲中国逻辑的直接推理。这都引起我莫大的兴趣。基于我的数学背景（大一时我选修了微积分课程），我后来认识到数理逻辑的发展，觉得也是很自然的一种方法训练。大学四年级时，我面临到如何把哲学各科融汇起来的想法，也产生进一步探索西方逻辑和哲学发展的现代情况。因此就决定了走向哲学，而且是现代哲学之路。

在出外留学之前，我考上了台湾大学哲学研究所，而且选了方东美先生作为我的导师。因此也确定了我哲学研究的方向，那就是柏拉图哲学。为什么是柏拉图哲学呢？因为我理解柏拉图是一个理想主义者，他用理型论说明世界真实的不完美，而人处于其中，必须认识一个现实的世界，也必须从现实世界里面提升到一个完美理想的真实世界。因此，人必须要奋斗、挣扎、探索、追求，他的心灵理性与意志具有理想世界的原质精神，他的追求也是发自于自然。但他是否能达到他完美的目标，就必须经过一番艰苦的磨炼，而知识和哲学思考就是这种磨炼的方式。柏拉图这样一个宇宙论的架构，在方东美先生的讲义中，深深地吸引了我，让我能看到存在的现实面与理想面。作为人，我觉得我不能因为现实的需要和利益而牺牲理想的追求，而必须以理想作为引导，来警惕自己不陷入现实的欲念与烦恼之中。但另一面，我也不愿意因为一个抽象的影响而蔑视现实的教训。现实包括物质身体欲望及激情，都是宝贵的生命所转化的力量，而必须善加利用。对现实的问题也必须面对与尊重，方能获得理想的提携与转化。在这段时间里，我决定出国留学，就是为了一个提升人类文化的理想。我实际上已经对中国古典哲学，尤其是《易经》哲学产生了重大的兴趣。因为中国哲学的根本就在易学，而易学的本质就在如何认识世界的变化而成就人的德性和精神，是与柏拉图主义相近的。我对中国人的现实状态与生活是非常不满意的，尤其在战争中，一方面我看到中国人的敌忾同仇与天生自强的精神，但也看到许多中国人自私、愚蠢、无知、懦弱、卑贱、无耻等面貌与行为。因此对个别的中国人从现实了解不能不有戒心，但对一个民族的中国人整体，我毫无保留地产生一种期待、爱戴与维护的心情。这也可以说是我的现实认知与理想追求之间的差异吧。在这样一种心情下，我决定留学西方，看看现代西方人的现实与理想到底如何，同时也抱着学习西方哲学的优点的心态，来从事中国哲学的再创造与精神的重建。由于西方哲学的优点在其古典的理性主义，包含柏拉图的理想主义以及亚里士多德对科学知识的追求。我决定从西方文化的特点，追求逻辑方法与科学真理这两方面开始。这是我留学的初心。幸运的是，我的初心也在现实生活的安排中逐渐实现。以下我将提两个关键的学习阶段：一个是华盛顿大学硕士课程的学习；一个是哈佛大学博士课程的学习。

我在大学时代，交往的本系同学不少，还和一位马姓作家同学创办了《青年写作》刊物，并发表了一些新诗。在哲学领域的交往却十分有限，主要是和同年考入台大的刘述先经常谈论心得，述先在哲学系，我在外国语文学系，但由于我个人的哲学兴趣，我们分别对熊十力的《新唯识论》进行细读。述先读书甚广，哲学之外，兼及大乘佛学。杜顺《华严法界观门》一书还是他介绍给我看的。看后我崇向华严宗，自然归向了方东美的华严哲学，并由此涉入禅学。我和述先还分别对西方悲剧传统进行了研究，我看重希腊古典悲剧精神，述先则看重欧洲近代悲剧心理，并各自给予了哲学的分析。

华盛顿大学
与哈佛大学求学过程

在 1958 年，我进入美国华盛顿州华盛顿大学读研究生。由于我的西方文学背景，学校要我先读一学期英国文学，再转入哲学系，正式修习硕士课程。在第一学期，我选了莎士比亚文学与美国小说两门课。对莎士比亚的研究进行了学术的理解，也对美国文学中的十个作家的作品进行了读后研究，做出新的报告，让我更能理解美国人的心态。第二学期转入哲学系后，我一口气选了三门课程，一是 Arthur Smullyan（1912—1998）教授开设的数理符号逻辑；一是 Abraham Melden（1910—1991）教授开设的现代伦理学；一是 Melvin Rader（1903—1981）教授的康德美学（康德第三批判）。我很认真地学习这三门课，它们在当时美国也是比较新的课程。从 Smullyan 教授的课程中，我认识到当代数理逻辑的系统和怀特海与罗素的逻辑贡献，以及展示的一个现代分析哲学的框架。后来我又选了他的知识论课程，对现代知识论中的“现象主义”（phenomenalism，非现象学）有了深刻的了解，事实上成为我硕士论文的主题。我从 Melden 教授的课程中认识到当代分析伦理学与规范伦理学，并在他第二门课中认识了道德心理学中的意向性的问题（他用了当时最近出版的 G. E. M. Anscombe 所著 *Intention* 一书）。他基于语言的用法分析与诠释，十分生动地说明情况背景中意义发生的后期维特根斯坦哲学。从 Rader 教授的第一门课中我了解到艺术哲学或美学的根据与目标，并在他的第二门研究课中认识到康德的第三批判的美学。值得一提的是，我的一篇期中心得论文为他激赏。他在班上公开地宣读了一遍，令我感到莫大的鼓励。

这三位教授对我的影响可说是十分重大，他们等于为我铺垫了西方近代哲学的整个结构与潮流，提出了令人深思的问题。我虽然选择当代知识论的课题作为硕士论文，探索了基于 G.E.Moore 现象主义逻辑分析的主题，但我对整个当代西方哲学的基本精神与流向，却有了非常深刻的体会。觉得其与中国哲学的差异不但在方法方面，而且在对真理与真相的概念方面，更促使我探索中西哲学的差异性以及所以差异的根源。这当然是后话。很幸运的是，由于我的探索的积极性，我提出的有关哲学问题的重要性，我被强烈推荐到哈佛大学读博士学位。其实那时我也申请了耶鲁大学、康奈尔大学和伊利诺伊大学，也都拿到全部的奖学金，最后仍然选了哈佛大学作为进一步研究的学术殿堂。这点是我的三位美国导师一致推荐的和希望的。这一段在华盛顿大学的学习经验，可以说是我对西方哲学的奠基工作，而且是从当代分析哲学入手，然后逐渐涵括到西方早期和其后的哲学历史。对西方哲学的发展和哲学家的系统哲学建立有了更全面的认识与兴趣，这是要到哈佛大学来完成的。当然更重要的是，在华盛顿大学哲学系形成的问题意识与方法意识，都使我更好地理解西方哲学根本精神与目标，同时也更深刻地看到中国哲学不同的经络，并对之产生一种诠释的哲学理趣。

我记得我在华盛顿大学就读期间，我很幸运选修了两位研究西方近代哲学的著名学者作为访问教授所开设的研究课程。一是 Walter Kaufmann（1921—1980）教授的尼采与黑格尔哲学，一是 Charles Hartshorne（1897—2000）教授的皮尔斯与怀特海哲学。我分别写了两篇重要的学期论文，建立了我自己的哲学思考方向。一篇是对黑格尔精神内在性的研究，另一篇是对皮尔斯与怀特海创造性概念的研究。现在回想起来，我的主张内在性与创造性在那个时候就体现出来，也逐渐成为我对中国哲学形上学认识的一个基础。

在我申请的四个大学研究所中，每一个研究所都提供了奖学金的鼓励，也同时给我一个思考研究方向的机会。我首先拒绝了伊利诺伊大学，当时伊利诺伊大学哲学系是以现象学为主体的，而现象学并不是我当时的兴趣重点所在。其次，我拒绝了耶鲁大学哲学系。虽然我看中耶鲁大学西方古典哲学的路线，但它并不符合我追求认识西方当代哲学发展的初衷。最后我不得不拒绝当时的康奈尔大学，决定接受哈佛大学 Santayana 奖学金。康奈尔大学哲学系系主任 Norman Malcolm（1911—1990）教授知道我的选择之后，立刻把他给我的奖学金提高了一倍，劝我接受。我仍然写信告诉他我的决定，走逻辑与分析哲学的路线。他表示很失望，说我以后仍然可以到康奈尔大学发展。Malcolm 教授是维特根斯坦后期的弟子，希望大力发展后期维特根斯坦的日常语言哲学及其所蕴含的一个族群内在生活意义逻辑。他显然不同意哈佛大学哲学系以蒯因教授为主的强调逻辑与分析哲学的潮流。我面对的是 20 世纪 60 年代美国哲学路线之争，以我当时的观点，我不反对对日常语言意义与用法的逻辑思考，如维特根斯坦所主张。但我觉得逻辑与分析是基本的方法论，也是理解语言不同层次的结构的基本工具。如果没有逻辑分析作为基础，语言的深度理解，仍然会有一定的限度。再说，语言是思维的传递，而且是主体间群体共同思维的联系。如果没有逻辑与分析作为支撑，也很难成为共同意义沟通的工具。所以，我觉得当代西方哲学有理由仍然看重逻辑与分析。事实上，也是因为逻辑分析的发展，才产生了维特根斯坦早期的语言哲学，见之于他的逻辑哲学论文（*Tractatus Logico-philosophicus*，1921）。该书从逻辑语言的角度显示我们心中的宇宙存在结构，但却认为无法表达人的主体存在性，因此对此只能谨守缄默。后期维特根斯坦开始重视人类自然日用语言的多样性，以及族群共同的主体性，把语言看成是语言游戏。在共同遵守的规则之下，人们可以交通，道德与宗教甚至数学的逻辑建造也就成为可能。

我不同意一般看法认为维特根斯坦的后期语言思考中放弃了早期的逻辑思考，我认为他在保留了早期的逻辑思考的基础上，发展了后期的语言思考。相对于他早期的思考纯粹的客观性而言，后期的思考只是彰显人的主体性和其相对客观性。整体的客观的思考就必须建筑在逻辑哲学思考的基础之上。客体思考的存在结构是不变的，而主体思考的活动则因时因地因人因族群而异。我对维特根斯坦这个二元层次论的认识，可能是我自己具有创意的一个诠释。但在我深入理解逻辑与分析哲学的方法之后，也的确感受到客体与主体，逻辑与语言之间的依存关系。对这存在的两个层次的认识，显然是不能同等看待的。如果不自觉地等同两者，会产生思想的矛盾和困难。但如果人们能够建立一个超然两者之上的本体思考，两者的关系也自然能够在经验中找到一个意义可以升降的秩序关系，也可以看出自然存在与人的自我存在的内在与外在交往的价值，也体现了人作为行动者与创造者发挥的功能与价值所在，这是后话。在当时并没有清晰地思考到这样一个本体诠释学的观点。

我进入哈佛大学哲学系研究所之后，第一学期即选修了蒯因（Willard Van Orman Quine，1908—2000）教授的演绎逻辑课程，同时也选修了当时系主任 Roderick Firth（1917—1987）教授的知识论，以及 Donald Williams（1899—1983）教授的形上学与 Henry Aikens（1912—1982）教授的美学与艺术哲学。这四门课程的负荷是十分沉重的，每一课都要求十本以上的参考书，以及阅读教授所选用的教学著作教本，并阅读近年来的哲学刊物的有关学术论文。每一课都要求不同提问，并进行期终学术心得论文的撰写，说明问题研究现况，并表达自己的分析与正反论证。论证的过程很重要，最后的结论能否接受，也以此为准。

面对这样的要求，我决定全力以赴，发现哈佛的学生不同于其他学校，也都是全力投入。哈佛大学也提供了这样的条件，除了大型的 Wiedener 图书馆之外，有一个研究型的图书馆，名为 Lamont 图书馆，是 24 小时开放的。学生可以在其中日夜地看书查书，因为它的书籍是开放式的，可以自行查阅，用完可以放回书架。图书馆里也可以休息，吃简单的零食。因此，很多学生可以深夜不归，甚至于日夜不归。我也充分地利用这个图书馆，有时候从下午课后到晚餐后，工作到深夜一两点钟，才姗姗地走回我住的不远的剑桥路 1673 号。我从 1958 年进入哈佛大学，从第一学期开始就对 Lamont 图书馆发生好感，并经常到图书馆中进行研究，尤其是在冬季，外面下着大雪，图书馆却很温暖，一直到深夜冒着严寒走回家。毕竟我不想在图书馆中度过长夜，觉得还是回到家中更为舒适，也更能感受日常生活的乐趣。

我对蒯因著作非常看重，因为他给我最大的启示是逻辑本身具有一个本体论的或存在论的内涵，并不纯粹是抽象的形式符号。他提出 ontology（存在论）和 ideology（意识论）的分别，显然是以 ideology 为意义的代表，是人主体心灵的表达，而 ontology 则是客观存在的事实。一个逻辑符号可以有两面意义，指向存在，也可以指向意义。逻辑讲究的是存在事物的关系，可以表达为最基本的逻辑关系，也就是既非此又非彼（谢费尔竖线 Scheffer-stroke）的逻辑关系。这种双重否定显示肯定的前件，然后才有肯定的后件，有否定的后件，才有否定的前件。基于此，我们可以定义联合（conjunction）与选择（disjunction）的概念，最后可以界定所谓“物质蕴含”（material implication），也就是肯定前件以肯定后件（Modus ponens），以及否定后件以否定前件（Modus tollens）。这两个客体形式，在中国古典哲学中最好的一个例子就是《中庸》说的“道也者，不可须臾离也，可离非道也”。这个例子也说明，在人类思考形而上的存在问题时，逻辑的形式已经存在其中。这也说明，存在本身有一个逻辑形式的结构，正如逻辑形式有一个存在的结构一样。在中国哲学的发展中，存在作为本体，包含了形式但没有把形式分开来。因此，中国的形式逻辑没有机会发展出来，一直到墨辩，也不能说发展得很完整。但墨辩强调“类”“故”与“理”等范畴，已经显示出一个抽象的形式概念了。

蒯因的逻辑体系继承了弗雷格（Gottlob Frege，1848—1925）的逻辑传统，以及罗素与怀特海等逻辑学家的哲学观点，强调逻辑学的逻辑形式的本体存在论，以存在论作为逻辑形式的原始基础。从某种意义上说，这是一种柏拉图主义。在这个存在论的基础上，认为数学也只是逻辑的延伸，事实上是以存在论作为数学的基础。作为数学，就是对抽象存在的类（class）和集合（set）的结构方式的模型研究。任何数学都必须回归到自然数的存在，自然数则可以透过集合的概念来理解。对这一个逻辑主义（logicism）的认识，激发我对存在本身及发展的观照。经过深思，却认为西方对存在的认识是静态的，因而走向抽象数学的路线。我则注意到，中国哲学则认为存在是动态的，因而发展了存在动态的探索，包含生命现象的探索，形成了强调由本到体的本体宇宙论与和谐辩证法等基本形上学的研究。但也忽视了抽象存在体的超越认知，在方法上强调存在变化与生命发展的体验，而忽略了形式逻辑所引导出来的客观认知，导向科学方法与科学理论的建设。蒯因的贡献在，大力地发展了以存在与逻辑为主题的逻辑研究与知识论研究，等同于同时注意真相与现象，而以两者为不可分开，甚至应该看成为一体之两面。他纠正了莱布尼茨与康德所说的分析命题与综合命题的差别，同时又导出现象主义（phenomenalism）的知识论。因而我们可以确指存在对象，并用语言各层次的意义分野名词和形容词，来确定我们的所指对象，以之为一个有逻辑形式的命题的函数值，也就是一个命题为真假的函数值。他的名言是：To be is to be a value of a quantificational variable（存在就是一个量词变数的值）。更直白的说法是，人的概念所掌握的真理值或真理条件，也就是一个外在的存在物能够满足主观的理念架构，这就成为我们心中的真理。

蒯因用这个方式来说明逻辑的真理与科学的真理都是如此形成的，必须先有理念的架构，然后找到满足理念架构的存在对象，也就建构了一个真理。蒯因以之为基础，进行了对语言结构的详细分析。他把语言看成是具有多重范畴性的分类，每一个词类都具有逻辑的形式功能。他分别“具体概念”（concrete）与“抽象概念”（abstract），又分别“特殊概念”（particular）

与“普通概念”（general），以普通概念作为生物属性的表达方式。而语言中所谓意义，就是不同层次的语言所表达的所指，而必须假设相应的存在对象，形成一个语义学上的阶梯结构（semantic ascent）。越往上走，意义越抽象也越普遍。但抽象化是纵向的存在上升，普遍化则是横向的意义分布。如此，语言本身就构成一套掌握存在对象的理念形式与架构，可以为人所用。他对自然语言和科学语言的分别，只是在自然语言是人们自然形成的形式结构，可以自然地共同使用。科学语言则是科学家基于观察创造出来的概念结构，为科学家所使用，在逻辑上并无不同于自然语言的架构。这个观点很重要，因为蒯因也进一步把人的知识结构看成是具有科学性的认识，而不必独立成为另一种逻辑结构。他称他的知识论为“自然化的知识论”（naturalized epistemology），接受相同的科学认知的方法论和观察，到语句形成，再到理论建构。蒯因此一发展，是他后期思考的结果。

我在哈佛读书第一年时，蒯因没有“自然化的知识论”这么一个课题。他的课程都在逻辑和语言哲学方面，我选修了他所有的逻辑课程，包含他的数理逻辑与集合论逻辑。对他区分存在的层次，感到特别受用。他的另一个研究讨论课，涉及科学理论和知识结构整体化的问题。在他的逻辑基础上，发展了一套从核心到边缘组成的认知体系，认为所有的概念和命题是从核心不变的逻辑，扩大到随时在变的感觉经验命题，相对来说也就是从最表层的感觉命题逐渐深化为不为经验改变的分析逻辑命题。所有的命题都息息相关，我们认为哪一种可以改变，哪一种不能改变；哪一种可以放弃，哪一种必须接受，需要我们自身来做出整体的决定和判断。当然他提出实用主义的标准，以所有科学家为主体的认识，来决定哪些概念与命题在面对客观事实发现之时可以放弃或必须坚守。从这点来说，他是理性主义的主体论者。但他并不坚持先验的标准，而是以整体的价值作为终极的标准。所谓整体的价值，也包含简洁性、包含性甚至美感性的综合判断。当然这其中也显示出一种不确定性，而这是我们作为主体的人所必须面对的，也考验我们的创意。人只能在他所有的知识基础上，整合出一个完整的形象以对应自己的需要与能力。对于蒯因，这个整体化的概念及其所包含的系统集体化的认识，对我是十分有吸引力的。因为我在中国哲学中早就认识到这样一种整体性和集体性。事实上，我在《易经》的符号体系中和《易经》本体论的发展过程中，就掌握了这样一个整体性与集体性的动态的认识，一直潜在于我心中。经过三年蒯因哲学的研究、学习和深入思考，令我觉得吃惊的是，蒯因的本体哲学、逻辑哲学与知识论与中国古典《易经》哲学何其相似、何其亲近。我从这里看到中西哲学互通和汇通的枢纽，对发展中国哲学现代理性，以及推动中国哲学走向世界，具有莫大的信心和莫大的动力。当然这是后话。

在哈佛期间，我也选修了蒯因最得意的门生 Burton Dreben（1927—1999）教授的研究生课程，深入到逻辑数学的研究，认识到 Loewenhein-Skolem 定理、Goedel 定理等逻辑定律与其哲学意义。我由于对数学本来就有很大的兴趣，在华盛顿大学旁听了实数函数论课程。到了哈佛，在第三年我选修了哈佛数学系 Oscar Zariski（1899—1986）教授开设的 commutative algebra（交换代数）研究课程，对代数中的 Galois Theory（伽罗瓦理论）进行了认真的探索。此一课程使我产生了用代数来作为逻辑基础的研究。但目的并不在反对 logicism，而是想说明逻辑也可以是一个形式化的模型，如数学哲学中形式主义所主张。但我后来发现，此一想法已经假设了存在论的自然数的基础，只能把逻辑系统复杂化而已，意义并不十分深厚，因之也就放弃了这门课以及相关的探索，但却保持了对抽象数学与数学哲学的高度关切与兴趣，一直到现在。

对于蒯因哲学的理解，我是非常正面与积极的。但在心中却保留着一个疑惑，那就是他对人的心性功能的评价与解释问题。事实上，蒯因已在各方面加以说明。他对人的心性所采取的是一种尚未实现的化约主义。他对人心的存在提出“命题态度”（propositional attitude）的说法，他想用精神脑科学来说明心灵现象，但他又不得不承认心性的活动，包括语言活动有其自然的意义与价值，也可以用来解释客观知识与自然事实。他的观点显然是对人的主体性基本的否定，而用“非正常的一元论”（anomalous monism）一词来说明他对人的主体性的否定。对于这一点，我是很难接受的。可能这就是我对中国哲学有所了解的一个作用。我认为既为主体性也可以有相应的客体性，正如客体性也有相应的主体性，两者相应互动而相存，形成一个动态的创造性的本体，这也是我对本体的基本定义。这是宇宙之道，也是人作为宇宙部分存在的基本道理，在中国哲学中是十分明显的，也是观察经验所予。可惜蒯因并没有这样一个中国哲学经验的背景，对此并不关注，也不表示任何兴趣，导致他的早期学生数理逻辑学家王浩（1921—1995）有一段时间向我探讨中国哲学宇宙论，但作为逻辑学家不久就失去兴趣而改变了方向。

除了蒯因之外，对我影响最大的哈佛老师是Donald Williams。他对我很有耐性，常常和我探讨时空问题，并对我的学期报告长篇评述，使我受益匪浅。他的课程是归纳逻辑与形上学，我对两者都认真学习。其实他的贡献就在他为归纳逻辑发展了一套形上学的基础，根据他的主要著作 *The Ground of Induction*（1947），他用统计数学的大数原理，来说明归纳推理的逻辑性与演绎性，并仍然使预测未来与未知成为可能。而且也解决了归纳逻辑的合理化问题。我在精心思考他的体系之后，觉得他确实回答了休谟的问题。而归纳推理的演绎性或逻辑性，来自于人具有对事物认知的概念架构可能，可以从这个架构中的部分来推演全体。利用大数原理以及统计学上的错误估计系数，可以判断出存在对象整体分配的状态，关键在确定对象错误率为何，也可以说是一种自我限定，对未知做一个界定，承认错误的可能，以及肯定错误的自我修订。在一个理性界定的概念框架中，从已知推演出未知，从部分样本推演出整体分配，这涉及的有关假设是很多的，是需要梳理的。但却说明人能够由已知预测未知，甚至于界定未知。我觉得这是一个逻辑挑战，也是一个假设思考的挑战。因此在我放弃以代数作为逻辑模型的博士论文题目之后，决定以此探究新的博士论文主题，并涉及逻辑形式与逻辑建立，也涉及实践观察、经验理念架构的建造，同时涉及数学可能率研究。虽然涉及很广，但我仍然愿意面对这个挑战，重新学习并立刻进行统计数学与可能率数学的研究。由于我原有的数学背景，有了这些工具，我向蒯因教授提出这一个新的论文题目，并说明我如何结合演绎逻辑、数学与归纳逻辑，以发展一套知识理论。蒯因教授表示非常赞成，并与 Williams 教授商量共同来指导我的论文。最后系主任 Firth 教授也表示莫大兴趣要参与进来。在这同时，由于我已经选修了系中 Israel Scheffler（1923—2014）教授科学哲学一课，他对我的论文题目也表示重大兴趣。于是，一个四人小组的博士论文指导委员会就这样成立了。我觉得十分顺利，因为我已经把要写的主题和涉及的参考书都整理好了。

为了写这个论文，把它当成一个顺理成章的事，我积极彰显归纳逻辑涉及的认知前提与概念框架，发现了早期美国哲学家与逻辑学家皮尔斯（Charles Peirce，1839—1914）及美国逻辑学家与知识论者路易斯（C.I.Lewis，1883—1964）涉及的逻辑思考，把归纳逻辑推理建筑在“先指或预定原则”（principle of predesignation）与“抽样原则”（principle of sampling）以及“限错原则”（principle of deviation）三个原则之上，因而确保了逻辑推理的演绎性与合理性。在推理的指导原则（guiding principle）方面，我也用数学证明了一个更好应用于大数原则的从部分推理到整体的数学定理，名为超几何函数定理（Hypergeometric Function）。在我完成了几个基本前提的诠释后，附录在我的论文之中。我写论文一年时间，在正式提出之前，蒯因教授与威廉教授也都予以首肯。因此在 1963 年 5 月初的一天，非常顺利地通过了论文口试。四人小组认为我的贡献在清楚而又明白地说明了归纳推理的逻辑性与演绎性，并用数学证明了推演的严正性，把威廉教授的归纳法基础完全地展现出来，并找到它的逻辑根源。同时也说明了演绎逻辑与归纳逻辑都具有的一体相关性。演绎逻辑直接假设客观存在的逻辑形式，不涉及对客观存在的任何经验性的假设。归纳逻辑则不然，必须在对客观世界存在的经验与知识假设基础上，来进行逻辑的推理。推理的形式结构却并无根本差异。这也符合了逻辑学家皮尔斯本体推理论的主张。只是在我的论文中，并没有特别去关注皮尔斯所谓的"溯因推理"(abductive reasoning)或"发现推理"(logic of discovery)。但在我以后的论文陈述中，指出如果我们把部分到全体的特例原则改造为一个内因到一个内果的推理，性质代替质料，则归纳推理也就是"发现逻辑"的推理了。

我在哈佛哲学系花费了五年时间，在第三年就通过了博士资格考试。当时进入博士班的同学，三分之二被淘汰。我再利用一年时间思考和寻找可以做出贡献的博士论文，同时也旁听了很多其他课程，除了数学系的交换代数理论之外。我也旁听了系中开设的唯心主义课程，是由著名的哲学家 Paul Tillich（1886—1965）讲授的，也短期旁听过 John Wild（1914—2009）教授的海德格尔哲学。另外我又旁听远东亚系 Benjamin I. Schwartz（1916—1999）教授的中国哲学课程，并与他多次交谈，与他熟悉起来。他欢迎我到他家去研讨问题。他告诉我他的大学本科是哲学，他现在从事研究的是毛泽东思想。他对中国哲学的来龙去脉有他的一套说法，我虽不完全同意，但是我很尊重他的看法，并借助他来激发我对中国哲学的深入思考。1973 年我创办英文《中国哲学季刊》（*Journal of Chinese Philosophy*），请他写一篇论文。但他说不知道什么题目较好，我提出中国哲学的“非化约主义”（none-reduction）这个主题，以说明中国哲学整体主义的重点在何处。他很快就接受了，并撰写了一篇很好的论文，刊登在季刊的第一卷第一期的首篇。我感谢他的支持，以后也经常与他联系，一直到他过世。我认识史华兹教授并和他探讨中国哲学，可说维护了我对中国哲学传统的基本观照和我持续的深思，并能把西方哲学在近代的发展用来说明蕴含于中国哲学中的概念丰富性。蒯因逻辑哲学与威廉姆斯的分析哲学也逐渐进入中国哲学的宇宙论与本体论的体系而结合起来，获得一个新的诠释，也使中国哲学的重建获得一个新的方向。这是一个不断融通开放的过程，并非一蹴而成的。这里还需要做一些补充，那就是我和其他哲学系教授课程的关联。

我提到 Firth 教授的知识论课程，我选修这门课之后，觉得无法接受他坚持的现象主义立场。在我的学期论文的报告中提出了反对意见，这与我在华盛顿大学所写的硕士论文是一致的，主要在强调存在对象虽然可以解构成为感觉的资料，但知识却不等于感觉资料的可能性。Firth 教授强烈地批评了我的论文，并特别约我到他的办公室深谈。经我解释后，他也就心安了，并立刻批准了我第二年的 Santayana 奖学金。我很感谢他开阔的胸襟，可以容纳不同的学术意见，不会因为他作为系主任的身份，限制我的发展。后来他参加我的博士论文小组，我也以他为傲。十年后，他到加州斯坦福大学休假做研究，特别写信告诉我，与我约在三藩市见面，吃过一餐最好的中式晚餐。我坚持付账，我说这是中国人尊重老师的体现。威廉教授也同样具有开阔的胸襟，他退休到南加州居住，写信给我，问我的情形，我邀请他为我的英文的《中国哲学季刊》撰文。他说他不懂中国哲学，但他愿意为季刊写书评，而且实际上也写了书评寄给我。当时我很想跟他见面，但是一时没有机会。再到加州时，他已经过世。至于蒯因教授，1995 年我去哈佛大学开会，当时去看他，但他正在外州度假。后来我再一次到哈佛，在哈佛 Square 遇见了他，他说他正要去度假，希望我和他两周之后见面，好好谈谈。但我也无法等到两周，错失了和他最后见面的机会。因为他随后就过世了。在哈佛念书的老师中，另有一位是我在上面也提到的 Henry Aiken 教授，他是美学与美国哲学教授。我选了他的课程，成绩很优异。他评定我做他的学生助教，为他看考试卷子并打分数。他给我一个基本原则是，在他 80 人的大班上，分数曲线应该是一个钟形分布。这样才能维持一个分数的相对性的程度表达。我想这也是一种统计认知。Aiken 教授的课程都是大班，除了美学之外，他也开美国实用主义的课程。我也选修了这门课程，但我在选修这门课的时候，我接受担任数学系逻辑课程的助理，不做他的助教，避开了利益冲突的可能。关于 Aiken 教授，还有很多可说的话题。但他对我最重要的影响是他与威廉教授合开一门康德对应休谟的课程。威廉教授代表康德，而 Aiken 教授则代表休谟。每一个课程长达两小时，每人讲四十分钟。另外四十分钟就用来彼此辩驳。他们辩驳彼此互不相让，辩论很激烈。学生也可以参加提问，使这门课产生一种刺激哲学思考的积极作用。同时利用这门课，我也读了康德的第一批判和第二批判，以及休谟的理解论与人性论等书，收获十分丰富。另外，我必须要再提两位教授的课程。一是牛津大学来哈佛大学的访问教授 G.E.L.Owen（1922—1982）所开设的亚里士多德物理学；另外一个是最后在我写论文那一年加入哈佛哲学系的 John Rawls（1921—2002）教授所开设的正义论课程。这也给了我一个重温古典西方哲学与思考当代分析哲学的良好机会。在同一期间，为了充实论文的需要，我也选修了一门心理学系的动机论课程。我记得是一位年轻的教授所教的，但他的名字已经忘记了。该一课程对我的影响不大，因为教授者是一位实验心理学学者，强调在实验中奠定心理学的概念。

在哈佛期间，我发现文科专业的中国博士生都集中在东亚文明与语言学系，也多数来自中国大陆与台湾，并极大多数以杨联升教授与史华慈教授为导师。当时有张光直（考古人类学系）、高友工、余英时（来自香港）、劳延瑄、丘宏达（法学院）、张浩等人。在我在哈佛的最后一年，又来了杜维明。他们都各有所长，各有专业。我虽然一人在哲学系，和他们交往，也不孤单，却往往因为彼此辩论，引发争胜之心。当时，余英时开始是访问学者，我们有好几位文科专业者经常到他的家（当时他与父母住在一起）聚会，轮流提出自己的专题思想，余英时讲了他的《红楼梦》研究心得，我讲了中国哲学的现代重建问题，他人也各有发挥，一时传为佳话。

总结以上来说，我在哈佛的哲学教育，可说是丰富多彩，具有重大的启发性与开创性。对我的冲击也是长远的。其中常遇到的同学们也经常来往，我也认识了他们的兴趣所在。令我吃惊的是，当时一位名叫 Charles Parsons（1933—　）的同学对我说，他在研究所做了十年的研究，仍然在写论文阶段。我于 1963

年毕业，他才毕业。但他具有的康德与数学哲学专业素养让他立刻为哥伦比亚大学聘用。此后我每次在美国哲学学会年会开会时，都有机会与他见面。他一直在数学哲学上下功夫。最近他还出版了一部自然数探讨的著作。他的认真和专一，心无外物，令我十分欣赏。此处我无时间就其他同时代的学者和同学做出评论。我想指出，我在哈佛大学的哲学生涯，是多姿多彩的，为我的哲学思考发挥了系统化、深层化的影响。也许最独特的是由于我的中国哲学的背景，也促进了我对中西哲学思考共同基础与本体知识的追求。在以后的教学中，让我能够开设各种课程。不管是西方或东方，不管是古代或现代，我都具有发挥的潜力与实际的认知。另外一点是，从哈佛师生的风格观察，至少在哲学这一块，可以看到美国精神的精华一面。学者们非常认真，非常严肃，做学问绝不马虎。面对问题讲究实质的分析与解决，也非常强调形式与程序的遵守。这种治学的态度，传统的中国学者也都有，但从目前一般学生的习向来看，只知道盲从一些制式，并没有建立一个自觉的严格的学术规格。往往从一篇文章缺少正确的脚注和尾注可见一斑。

我在哈佛大学五年的学术生涯，于1963年通过博士考试之后宣告结束。8月中我就离开哈佛，经纽约洛杉矶飞到邀请我教学的夏威夷大学所在地火奴鲁鲁。当时有几个大学邀请我任教，但我觉得夏威夷离中国最近，所以最终接受了夏威夷大学热情的邀请。在9月正式以助理教授名义开设当代分析哲学、中国古典哲学两个课程。有人问我治学观念，我说我在形上学上是中国传统，但在方法学上，却重视西方的逻辑与分析。我当时希望积极从事中国哲学的现代化与世界化工作，对中国哲学进行一番分析的重建，也帮助西方解决西方的哲学问题，同时也用西方的逻辑思维方式，挖掘中国哲学命题的明确意义，并说明其意义性与真理值的根据与出发点。当然这一个治学态度促使我重视中西哲学的分别和比较教学，也因此把中国哲学推向了世界的舞台。十年之后，在1973年我创办英文《中国哲学季刊》(JCP)与《国际中国哲学学会》(ISCP)并非偶然，是我长期接受中西哲学教育所孕育出来的创造成果与工作。我自己从事哲学讲课，中西课程并开，习以为常。为夏威夷大学哲学系建立了一个中西互动互释互成的典范。

我离开哈佛大学之时，我的博士论文（Peirce’s and Lewis’s Theories of Induction）被推荐在欧洲著名出版社 Martinus Nijhoff 出版社于 1967 年出版。我自行写作的中国哲学论文《戴震的原善研究》(Inquiry into goodness by Dai Zhen’s)，也在几年后由夏威夷大学东西出版社出版。

夏威夷大学教学与研究发展

夏威夷大学是夏威夷州建立的唯一大学，至今也有一百年以上的历史。在 1963 年我来到该校时，该校已具备完整的规模，包含了文、法、理、工、卫生、医学、农业、海洋等院系，并建立了天文学系。规模可说是十分宏伟，所在地名为彩虹之谷，可说风景秀丽，尤其具备北回归线上气候的温润爽朗。远望太平洋，更有一片温润与开阔。我选择到此教书，一则由于当时的系主任 Winfred Nagley（1918—1996）热情邀请，在电话中访谈半小时就提出学校的正式邀请。当然这是由于他们已经知道我的背景，很希望一个能够兼教中国哲学与西洋哲学的称职学者来担任相关的课程，包括博士班的课程。对我而言，在 1956 年我坐船赴华盛顿大学途中在夏威夷浏览了一阵，当时也看到这个学校的美丽校园，留下深刻印象。但没有想到在 1963 年来此教书。我想当时的印象和好感也是使我决定来此教书的一个因素。当然主要的原因还在于夏威夷离中国大陆与台湾海岛最近，方便我能够经常探望亲人。从哲学发展来看，夏威夷当时哲学课程亟待充实，而系主任 Nagley 教授也十分积极从事发展工作。但即使如此，系中的教授也不多，也不过六七位而已。其中 Michael Resnik（1938— ）是我来后第二年从哈佛哲学系毕业来此。彼此兴趣相投，在逻辑哲学方面也彼此切磋并共同撰写了有关蒯因的论文，为美国最知名哲学刊物《哲学学刊》刊登。在以后四十年中，哲学系教授群的发展扩充人数到十六人之多，涵括了中西印佛哲学等方面。但基本精神仍是以分析哲学为主体，逐渐走向比较哲学这一个研究道路。60 年代后期成立的中西比较哲学学会，我是创办者之一，担任秘书与财务管理一职。

我在夏威夷大学哲学系从 1963 年到现在 2022 年，

已有 59 年的历史，也可能是学校教龄最长的老师之一。固然作为终身制的教授，我可以不必退休，但我觉得有更多要做的学术工作需要自由发展，所以我也在考虑在最近适当时期退休，以便有更多时间完成我的写作计划，其中包含我的学术自传。回顾近六十年的教学生涯，我的哲学思想的发展是如何进行的？我对此一问题的回应是，我处在一个逐渐系统化本体化的思考过程之中，既关心中西融合，世界人类哲学的存在论基础以及人的心灵生命发展的潜力，又面对过去经历的各种负面的生命遭遇，认识到人性之恶行，阴暗的劣迹，更加坚持主张人性之本善以及人类可以走向的理想世界。这样一个思想的动力，来自于我早期的柏拉图主义与儒家哲学，发展到中期的逻辑哲学与《易经》哲学，然后逐渐进入到在近四十年来所关心的本体存在论与本体诠释学以及所涉及的哲学问题与命题。这一个发展的过程，有时是缓慢的，但有时却是迅速地凸显，像一团火花因为生命的碰撞而突然闪现。当然从历史的发展来看，考察我开设的研究生课程可以来追溯发展的轨迹。此一轨迹可以描述为早期二十年的中西哲学并重，到随后二十年的对中国哲学的深入探讨，尤其是在易学与中国哲学史方面。以及最近二十年，认识到伽达默尔而深入欧洲诠释学传统与精神，并谋求发展70年代后期我形成的本体诠释学（onto-hermeneutics）。我坚信，本体诠释学是哲学诠释学的真正基础。但“本体”这一概念，必须从中国易学传统中建立，才更符合自然的现实和生命的体验。同时我也希望匡正中国哲学家对本体认识的模糊性与不确定的认同，使中西哲学能够正确地认识自己，正确地认识对方。事实上我认为，人生的各种问题都来自于对终极本体的蒙蔽和误导。而一个真实的世界的价值，都必须时时刻刻分分秒秒回顾，加上不断发生的生命文化与价值的体验，更需要进行两重融合：一重是时间的融合，一重是空间的融合。时间的融合在融合过去现在以及投射未来，空间的融合则在融合自我他者与世界，再投射于世界。这当然是一个生命的挑战与哲学的挑战。所谓哲学，则是一个不断融合不断再生，自我存在的肯定，同时也是对不断更新的世界价值的肯定。所谓系统化，也就是在这两个融合与肯定之上，构建出一个理念的架构与楷模，以为思考的引导。只有在这样一个过程中，我们才能认识本体的不变与变化的统一性，也才能认识到诠释中创造性的统一性。这些观点，在我 2017 年出版的十卷本《成中英文集》可以找到。事实上这十本文集就是代表我对中西哲学体系与彼此间的融合和各自的融合的一个探索。2016 年以后我有一些新的论文，有关易学的生命哲学，有关本体诠释的分析方法论以及有关中国哲学的重建与中国文化的再造，在在为更细致地说明本体思考与诠释活动的重要性。从另一个观点，也可以说是我对中国哲学现代化与世界化的继续努力和实践，但其中也包含了对西方哲学的中国诠释。因为我一直倡导中西互释，在互释的过程中提升两者的精华而排除两者的漏失之处。

在我近六十年的教研过程中，我于 1985 年回到中国大陆北京大学担任客座教授，是一个重要的契机。我当时讲授中国哲学现代化与世界化及中西哲学比较，对当时学界产生一些有益的影响。目前关于《易经》哲学的研究风潮，事实上是从我强调《易经》哲学作为中国哲学的源头活水的重要性开始。那是我在 1987 年山东大学召开的第二届《周易》学术会议所作的主题演讲的重点，我认为我们必须为中国哲学找到一个历史的同时也是哲学的起点。过去并没有做到这种要求，遂使中国哲学缺少了一个哲学发展的哲学种子与底气。所以我必须从历史与哲学两方面来肯定《易经》哲学的重要。目前这个观点我认为已经基本上普遍接受，在海外透过英文的《中国哲学季刊》的不断陈述，也得到普遍的接受。至于中西哲学的比较，这个工作是比较艰巨的。因为我当时看到国内对西方哲学的研究是比较固化的，看不到一点黑格尔之后的发展信息。我当时很想把蒯因哲学与伽达默尔哲学带回，但当时并没有时间开设这样的课程。一直到十年以后，我利用 Fulbright 资深研究奖金到北大进行第二次讲学之时，才有一点时间开设了蒯因与伽达默尔的整合课程。另外又开设了一门康德与儒学的专业课程，当时也引起部分研究生的兴趣，但效果似乎并不彰显。我很高兴的是，十年之后看到蒯因的书翻译成中文，也看到诠释学的论述与时俱进。但是可惜的是，蒯因哲学并没有得到深入和正确的理解。只有北京大学陈波一人进行了关注，进行了一定深度的研究。在诠释学方面，显然大家兴趣很浓厚，逐渐蔚为风气，并从事中国诠释学的探索与建构，人才荟萃。

但与西方诠释学的交流并未建立起来，也无法发挥与西方交流互鉴的作用。另外有一个潮流，这属于一种反弹，也可能是一种回归。无论对哲学诠释或本体诠释，都失去活泼的探索精神而陷入到一个本质上属于传统的经典诠释模式。

事实上，一个传统的经典诠释是对经典的重视，并非对诠释的重视。至于如何诠释经典，仍然是一个大的问号。有人理解它为注疏之学与训诂之学，甚至历史解释之学，把哲学纳入到哲学史的范围，挖掘史料，进行哲学史的思想分析，以问题与理论为中心的哲学诠释学与本体诠释学相去甚远。这当然是一种文化回归，但并非开拓未来，也只是化约方法的主张。无法争取世界哲学的理论主导权，也无法发挥创造新时代哲学精神，引领新的哲学思想研究，直面西方甚至于超越西方，为世界人类开拓共同的理解与整合标准，发挥创造新意义和新境界的愿景，在人类相互的了解中取得对真理共同的认识，而不是各说各话，各自为政，或陷入矛盾冲突而不自知。这一种创造性的诠释精神，正是本体诠释学所希望赋予哲学各部门的能力。可惜在目前中国哲学研究的潮流中，还看不到任何发展的信息。反而对已经成就的诠释学理论产生新的遗忘和漠视，此一现象更为可惜，值得检讨也值得警惕。当然我不一定能正确地评估中国哲学在中国大陆或中西比较哲学发展的进度，但我却看不到太多实际的动力，只希望我自己通过本体诠释学的继续努力，推进此一发展的理想。此处我必须说我在北大哲学系注意到北大哲学传统的变革情况。新的一代教师基本上是老一代的门生，维持旧章而少从新知，保守气息浓重。但我总觉得北大哲学系有一种先天的气质，充满创造的活力，一旦启动，当势不可当。我发现了一位我在南京初中时代的同学彭燕韩教授，在北大哲学系教授马克思主义哲学数十年如一日，对我理解哲学系有所帮助。我们数十年遭遇不一样，但却交谈如故，恍如昨日。

最后我必须要说，在我教书近六十年的生涯中，我的哲学精神是一贯的，是持续发展的，是不断回顾的也不断前瞻的。我关心中国哲学的发展以及能够建立的发展方向，希望在理论与方法上做出有力的影响。当然我也重视通过文化发展，作为中国哲学发展的背景。中国文化的复兴与发展所做的努力，在近十年来蓬勃繁兴，有目共睹。最终儒学的研究可说是重中之重。我也重视此一儒学再创造的需要和努力，很高兴在 1987 年把我倡导的国际儒学联合会的章程和计划带回国内，敦促有关方面的支持。此一倡导，导向 1993 年国际儒学联合会在北京的正式成立。我作为原始倡导人，躬逢其盛，觉得心中更为踏实起来。因为我不愿意看到日本人假借儒学之名，来进行他蚕食中国的阴谋。儒学的兴起不管古典儒学或宋明理学或中国马克思主义，都具有振兴中华的作用。因为儒家从孔子以来，重视人的原始创造力和人性的根本之善，对人类的未来抱有莫大的信心，也坚信在艰苦中奋斗的精神。这是中国哲学一贯之道，而它的本体论的基础，则在中国哲学中的《易经》哲学。因此易学应该和儒学分开来讨论，同时也融合一体来讨论，并吸收道家的思想元素，以维护中国哲学日新又新，生生不息的创造精神。我创办的国际《易经》学会与国际中国哲学会及英文的《中国哲学季刊》，也都是从这个角度来进行发展的。也许我们目前最需要的是人的自我理解与人对他人的理解。有了此一理解，才能达到知己知彼百战不殆的人类教化发展的使命。这是我对中国哲学走向世界舞台的根本期许与信心所在。必须要说，中国哲学从我 1973 年创办英文《中国哲学季刊》，就已经走向了国际舞台，而且遍及世界各大学图书馆与相关的宗教学术会议。此一中国哲学发展的现象，不是在世界登台是什么呢？而登台的日期可以早到 1973 年春季出版的英文《中国哲学季刊》第一卷第一期。此一出版物也历五十年而不衰，而西方学者接受的程度与参与，也是与日俱增。2023 年庆祝期刊创办五十周年专刊，也将于今年到明年在世界陆续出版。

以上我对我教学近六十年的发展过程做了一个简述，对我思想发展的细节要等到适当时机再加表述。目前只能参考我出版的著作，包括我的十卷本文集，以及近五年来的各种有关论述新作，包含易学本体论，生命哲学与儒学，易经生命观，逻辑与易经宇宙论，中国古典政治研究，以及正在完成中的“本体自我存在论与本体诠释学”等著述。下面我开始探讨我对本体诠释学的本体与诠释概念的基本探索过程，以及对分析诠释学中的分析方法的基本主张。

在这六十年期间，我得到大小学术奖状十余种。

此处我记录三个极有意义的重要奖状。一是 1995 年俄罗斯科学院远东研究所授予我荣誉博士，先在波士顿大学办了一场隆重的俄式酒会，宣读了一篇褒扬赞词，说明我的中国哲学研究及我所创办的英文《中国哲学季刊》在俄罗斯学界及其他欧洲国家的积极影响，发给我一个大型的荣誉博士证书，然后安排我到莫斯科远东研究所进行正式访问一周，发表论文一篇。我在莫斯科期间，也安排我去圣彼得堡参观。第二个有重大意义的奖状是 2016 年中国文化部透过中央电视台举办的"中华之光"庆祝大会所颁发的个人奖，并由宗教局叶小文局长亲临颁发，我被选为 2016 年"中华之光"之年度人物，对我的颁奖辞写得十分到位："东方智慧，全球视野，中西兼治，古今互诠，成为第三代新儒家代表人物，创刊办会，传播中国声音，助力中华文明走向世界，潜心阔步，追求和合之道。……"第三个有意义的奖状是去年 2021 年 10 月突然获得的。我不期收到一份电子邮件，告诉我被评选为国际诠释学研究院（International Institute of Hermeneutics）荣誉教授，即院士，随即寄来正式赞词（Citation），并于今年 1 月收到正式奖状一份，上面附有赞词。赞词称我对世界哲学做出重大贡献，在发展世界性的诠释理论中结合中国哲学与西方理论，为世界文化传统之间的沟通与理解建立了有效管道。我觉得这是我近二十年所作的一个纯粹哲学方面的成就，自认自20世纪西方海德格尔与伽达默尔后用中国哲学的易学元论同时解决了西方面对的人类存在意义危机问题及中国哲学的世界贡献并走入世界主流问题。这个自认当然是我在学术上一直论说的，呈现在我的中文与英文的著作中，多年来也为不少西方当代哲学家所称赞与赞同，如今得到西方学术专业机构的正式肯认，心中自然是喜悦的。

认识与反思当代诠释学

在70年代中期，我应邀到台湾大学哲学系讲学。有人问到德国哲学家伽达默尔写的一本书《真理与方法》，他用了Hermeneutics的字眼，但不知道这个字眼怎么翻译成中文。Hermeneutics一词来自于古典希腊文Hermeneian这个动词，而这个动词又来自于希腊神话中的信使之神，名字叫 Hermes，在英文中，Hermeneian 被翻译为信息传递。因此 Hermeneian 具有消息传递（communicate）、说明（interpret）、解释（explain）与描述（describe）的意义，在此一理解下，Hermeneutics 也就可以被理解为信息学、解释学与阐述学。当时我做了一些较为深入的思考与研究，认为 Hermeneutics 一则与语言有关，二则着重在说明（interpret）。既然与用语言说明有关，显然不能不考虑到用语言描述一个信息的重要性，因此我建议把 Hermeneutics 翻译为诠释学，当时我是参考《淮南子》卷十四《诠言训》的理解而提出诠释学的意义。它的题解是“诠，就也。就万物之指以言其征，事之所谓，道之所依也，故曰‘诠言’”，它的要略是“《诠言》者，所以譬类人事之指，解喻治乱之体也，差择微言之眇，诠以至理之文，而补缝过失之阙者也”。从这个题解和要略来看，显然对事物的理解不得不涉及语言的应用，事实上必须透过语言来表达我们的理解，因此诠释学不是单纯的解释，也不是脱离文字的说明，而是就语言之所及来陈述或解释一个事件或一个事物。

我的这个翻译一直流行至今，但仍然有学者用“解释学”来翻译，最早用“解释学”来翻译“Hermeneutics”一词的，不知是否来自于80年代哪一本百科全书辞典，但当时用“解释学”一词的学者有汤一介与何卫平等人。我和汤一介先生进行了一场口头的辩论，我说“诠释学”这个词较好，因为它表达了希腊文、德文与英文中对诠释理解的意思，这也是伽达默尔强调的意思。再者，我指出“解释”（explain）一词已经有一个哲学的用法，那就是用一个普遍的自然律则来解释一个具体的现象，因此解释学是有关自然科学的理解问题。对此，我举出当代科学哲学家Carl Hempel于1965年写的一本书叫*Aspects of Scientific Explanation*，即对解释或explanation做出了一个科学逻辑的说明。一般哲学家不会把科学的解释与非科学的说明混为一谈。我表示为了避免解释概念的专有含义，因此觉得诠释学一词更为恰当，也更符合作者的意思。汤一介先生不同意我的说法，因此我们当初想共同建立一个诠释学学刊的想法，一直未能实现，殊为可惜。汤一介先生后来也用诠释学一词并举出中国哲学中有关诠释的三个类型，一是《易传》，一是《左传》，一是《韩非子》，其实这都是很好的说明的例证。对此我并未提出我的回应，我的回应应该是三者都是诠释，也都是对一个真理的认识与感受的描述或理解。在一定的情况下，来达到说明一个文本所以发生的原因。而此一对一个文本的说明或诠释是因为诠释者在历史的发展中有一个新的观点，而把它表示出来，理解一个共同的真实事件。由于历史时空与处境不一样，诠释者当然不可能是重复或者追求文本原作者心中原意，而是诠释者对文本本身以及对文本作者的理解所形成的新的理解。这就是伽达默尔所说的“视野融合”(fusion of horizons)。此一融合的理解，也是要借助语言来表达。可见语言是原作者与诠释者所共同分享的传统。即使语言不同，作为翻译(translation)，我们也可以看到对两种语言彼此互通认识的重要。翻译者必须驾驭两种语言，才能进行翻译，他翻译的好坏取决于对这两种语言之间的互通理解到多深，而语言也就是一套符号体系，是由符号表露出来。

所谓两个语言的互通是指两套符号体系能够在一定的处境中，指向同一个事件或表达文本作者内心的感受与认知，也就是要求这两个符号体系可以同时表达同一个真理或真实。由于一个真实与真相可以在不同情况之下为人所感受或认知，它的同一性也就不是问题，但作者与翻译者可以有不同的历史处境或者有不同的历史观点，即使同一个历史事件，也可以呈现不同的形象，因此翻译者与作者对历史的认识也就不一样，那么所谓诠释者在不同历史观点下也就难以保持同一性。举例来说，两个国家发生战争往往是对一个历史的传统或现实的事件有不同的历史的看法，因此做出来的诠释也就不一样，这也就说明，翻译并不保证同一个真理，而是具有相当大的不确定性。除了历史的观点之外，也可以从心理学与美学等观点来衡量同一个事物而产生不同的意思诠释。这在自然科学中是少有的，但在人文生活中却是根本的普遍现象，因此所谓诠释也就有一定程度的不确定性，反映出历史与人的经验的变动性。伽达默尔所说的“视野融合”是一个理想的诠释与翻译状态，但在一般情况之下，人们却不能保证此一融合的绝对性与永久性，而必须随时更正，随时补充以维护诠释与翻译的一致性。事实上，任何历史都需要不断地重写，而任何文本都可以获得新的历史含义，甚至在一定历史条件下突出其潜在的含义，从过去的不相干变成当前的十分相干。

以上关于诠释与翻译显示不确定性的问题的讨论，在蒯因的分析哲学中也说得很清楚。蒯因是逻辑学家与科学哲学家，在讨论真理与语言问题的时候也就提到翻译的不确定性，但蒯因可能更强调的是概念认知的不确定性，并未特别提出语言意义作为人的生活世界经验所产生的不确定性。这是要与诠释学的不确定性分开的，但却是相关的，因为诠释学必须面对语言以及语言所涉及的历史经验与真实世界的意义的问题，事实上，蒯因的翻译的不确定性也就包含在两个观点能否以及如何融合的问题之中了。

我在此处把这个问题提出来是用来说明我对诠释学发生重大兴趣的一个原因，因为我更早期接触到蒯因的分析哲学以及蒯因的语言哲学。蒯因的两本书 *Methods of Logic*（1953）和 *Word and Object*（1970），是 20 世纪 70 年代哈佛大学哲学系最重要的两本哲学著作，对当时美国本体哲学的发展具有重大的冲击力量。我于 1959 年秋进入哈佛大学读博士学位，首先就接触到蒯因的逻辑方法论，在求学期间，我选了蒯因的所有哲学课程，其中一课就是他的语言哲学。在 1961 年左右，蒯因正在写他的 *Word and Object* 一书，当时他用的讲义就是他书的原稿。该原稿发展了他对语言的逻辑分析与分析之后的建构。蒯因强调意义的单元是语言中的文句（sentence），并非个别的字词（word），也非抽象的命题。换言之，所谓“意义”并非指向一个以单词为符号的对象，而是发自于人们心中的一个理解的架构，即什么是什么，或这个是什么，或那个是什么。事实上，这就是德国近代逻辑学家弗雷格（Gottlob Frege，1848—1925）所说的概念的函数问题（conceptual function）。弗雷格认为概念是一个函数可以用在具体的事物之上形成一个命题，但所谓概念命题都是抽象的存在。蒯因反对这种抽象命题的说明意义，因此他采用文句来作为意义的单元，一个文句就是一个文句函数（sentential function）。当一个文句函数使用在一个具体事物之上，我们就有了一个完整的句子，也就有了一个意义的对象。因此他说文句是意义的单元，因为个别的字词只是在文句函数的运作之下出现的。如此来看，我们说的世界上的万事万物也都是因回答一些文句函数的问题而存在，因为任何一个字词都可以有一个潜在的文句函数所形成的句式，即是“a 是 F”，或“a 是 b”，或“这是 a，那是 b”等。显然人们对 a 跟 b 的认定可以不一样，对 a 是否为 F，或是否为 b，也可以有不同的认识。甚至于这是不是 a，或这是不是 b，也可以有不同观点的认识，因为历史处境中可以有不同经验的认识。可见认知并不能完全保证必然普遍性，而我们对知识的必然普遍性的认识是基于我们自身对事物认知的规范性的要求，而不能够保证绝对客观的真实性。

蒯因对自然语言的分析导向他对知识论的新认识，也就形成他的自然化的知识理论。所谓“自然化”（naturalized），就是基于人们共同观察的经验来形成对事物客观的理解，加以规范化的或简明化的逻辑处理。在这个自然化的逻辑体系中，我们也看到，知识的相互假定与支持，并形成一个相互蕴涵与预设的有机体系。但他的知识观并非一个笼统的机体体系，而是有不同的层次的存在作为基础。由于我们对事物的感觉经验随时在变动，同时也在时间中增减，所以最表层的知识是个别的经验文句，其实就是一个族群共同形成的“观察文句”（observation sentence），依时间性与空间性而具有不同的固定性。最后，我们可以利用规范的要求形成“永恒的真理文句”（eternal sentence）。所谓永恒的真理文句对蒯因来说就是涵盖时空点的科学知识文句，它能超越时空而为普遍的真理。但另外一方面，一些文句有了时空的定位，也成为一个永恒的文句，因为它的概念系统中包含了时空，可以固定地显示真实事件。然而从一个逻辑的观点，这些永恒句子，也都可以改变，因为我们可以基于一些更为重要的新现象来描述新的逻辑，如依照量子论的需要，建立一个新的概念框架来描述新的逻辑，建立一个“三值逻辑”，如此我们就不能不废除“二值逻辑”的结构分析，而以“三值逻辑”作为真理的不变标准。事实上，无论从量子力学或从实数函数的数学来看，我们更需要一个多值的逻辑来表达一个不变的真理。这也就是真实世界的统计学化。最现代的互联网超人工智慧、大数据与区块链可说都是多值逻辑与统计学与可能率的应用。总言之，蒯因的自然化知识论是十分灵活的与开放的知识体系，是在一个变化不居的本体世界中的表现。知识论自然涉及本体论，蒯因用传统的 Ontology 一词来表达事物存在的客观现象，至于此一现象怎么发生以及如何影响到具体事件，蒯因也没有加以讨论，他只假定一个客观现实十分稳定的“中观”与“宏观”的经验认识，对于“微观”变化的量子世界并不重视。他是自然主义实在论者，因为他的存在论也就限于一般宏观科学的知识对象，而并不涉及微观的对象，尤其他在说明人的语言文句表达和人的大脑神经的活动并不能确定它们之间的对应关系，只好采用 Donald Davidson（1917—2003）的说辞以说明心脑跟物的关系，名之为“异常一元论”（Anomalous Monism），并诉之于未来的神经脑科学来解决此一异常性的问题。

从蒯因的自然化知识论到非正常的存在论的“异常一元论”发展来看，蒯因事实上一直在从事诠释存在与存在知识的问题，但他并没有提出诠释学的观点。我在认识伽达默尔诠释学的基础上，把蒯因看成是分析的诠释学，因为他是以一个分析的眼光来分析如何正确地理解一个客观自然的现象或世界。它涉及自然语言的分析，然后把语言分析转化为逻辑分析以说明知识如何可能以及对存在事物进行认知的可能。

他用的方法是逻辑与概念的分析。他尊重具体的经验和语言，对我们如何运用语言的时空条件加以关注，并未强调只有科学方法是知识的来源。在逻辑分析与语言建构的基础上，使我们对语言的用法，有新的认识，而不必局限于习惯性的规则描述，如维特根斯坦“语言游戏”的概念所表示。从这个角度看，蒯因和伽达默尔有相当多的相似性。但其差异则来自于蒯因强调逻辑分析，而伽达默尔则强调处境中的直觉观点。但蒯因把语言表达看成具有自然知识的客观性，因为他看到一个文句如何形成的结构。从伽达默尔来说，他只重视文本的形成，以及形成这个文本的历史处境和相对的观点，并没有考虑到语言本身结构的逻辑问题，同时也没有特别强调在自然情况中如何形成自然的知识或自然对语言的知识。从这点看，伽达默尔和蒯因是不一致的，一个重视历史，一个重视逻辑；一个重视经验文本，一个重视存在的认知。当然这是我在认知伽达默尔之后，对蒯因的重新了解，而形成我对诠释学要进行一个新的综合探讨的愿望。不但如此，我认为既然涉及自然和语言，涉及存在与经验，涉及人的主体性与自然知识的科学性，如何在两方面统合起来形成一个更完整的诠释体系，是极为需要的，同时在这个发展过程中，我也看到中国哲学在存在论和自然发生事物的重要性，因此这就使我更积极地追求一个有本有源、有体有用、能知能行的诠释学体系。这是在20世纪70年代后期到80年代早期我思考本体诠释学的背景。

1967年我应邀到东岸耶鲁大学哲学系讲学，两年后被耶鲁大学留任考虑为终身教授职，但当时台湾大学也要我回台大哲学系担任系主任及研究所所长。为了履行我早期的诺言，我拒绝了耶鲁的邀请，令哲学系主政者十分失望。在耶鲁教书两年有一个好处是我对西方现象学有新的理解，当时的现象学专家Ed Casey教授迄今仍与我保持交流关系，现象学与诠释学有密切关联，但在当时却未能深究。1969年我到台湾大学担任哲学系主任，力图改革该系，增购参考书籍，招揽人才，创办《台大哲学评论》，延请海外专家，一时生气蓬勃，学生学习也日益活跃。但不幸数年后，有引进华人学者孙智燊弄权，借重外在政治势力，横加迫害，造成十数名教师与部分教授解聘。此一台大哲学系事件，影响深远，我为推荐人，也为受害人，为此常自遣不已。至此，我也理解到诠释与理解的重要性，一个事件与文本的理解与诠释必须经由一个具有真实自我的本体发出方能保证其原初真实的一致性，也才有较多力量抗拒事实误举，意义扭曲。

1985 年我应邀到北京大学哲学系讲学，我已经有一个比较完整的本体诠释学体系。事实上，在 1982 年到 1983 年，我在纽约主持国际中国哲学会议就已经提到了本体诠释学的概念，并同时向与会的汤一介教授与金春峰教授说起。我在 1983 年的 Montreal 主办的第十七届世界哲学大会也特别提出了，作为我当时主持的世界哲学与中国哲学圆桌会议的主题发言。当时大会主席 Venant Cauchy 教授也参加了此一圆桌会议并作了一个支持的发言。

对本体概念的分析
与对本体学概念的订正

我提出本体诠释学这个题目涉及“本体”的概念，我必须对这个概念进行一个交代。无论在伽达默尔或蒯因都没涉及“本体”这个概念，但他们都提到 ontology 的问题。所谓 ontology，是指存在论而不是中文中所说的本体论。但很不幸，多年以来中国学者把 ontology 翻译成为“本体论”，这个翻译是非常不正确的，其结果也是非常严重的。因为如果把 ontology 翻译为“本体论”，也就把“本体论”等同于 ontology，这也可能是一般中国学者心中的想法。但这已经把中国的传统本体论消除了，而归向于西方的一个 ontology 的形上学传统。这是一种无形的对中国哲学思想的消解与毁坏。因为本体或本体论这个概念是中国哲学中最根本的概念，从《易经》到《易传》，到两汉，到魏晋，到隋唐，到宋明，再到近代民国以来，都是以本体论思想作为中国形上学的基础，也就是作为道家的道、儒家的太极的基本内容。把 ontology 翻译为本体论，事实上就把本体论翻译成 ontology。ontology 讲的是存在的问题，而“本体论”讲的是本体的问题。存在的问题涉及万物的存在与时空的存在，并没有特别重视万物与时空发生的过程与动态。而本体的概念涉及存在的发生及发展以及万物的形成与变化，前者是静态的结构思想，而后者是一个动态的过程思想。而此一过程不只是一个时间的过程，而且是一个生命的过程，是发生、原生、产生、诞生和生生不已的生的过程。西方的 ontology 着重对这种结构的分析，而中国本体论则着重发展创造变化的分析。西方的 ontology 为了要说明事物的所以存在，而不得不假设一个超越的创造力量如上帝或造物主存在，以上帝与造物主作为原始存在的或继续存在的根据。但在本体论中万物的发生是自然发生的。所谓自然，就是不需要一个外在的上帝或造物主。事实上如果要说何以上帝与造物主存在，也必须说他们的存在是自然存在的，是自身的可能性的发展。斯宾诺莎就采取这样一个观点，他说上帝是自身存在的（creation by sui generis）。斯宾诺莎的思想接近道家老子《道德经》的说法，“道法自然”也就是存在是自自然然发生的。至于何以自然地发生，当然这就涉及有无相生的问题，也就是老子说的“无生有有生无而有无相生”。在易学传统中，首先有《易传》说的“易有太极，是生两仪”，而后有周敦颐说的“无极而太极”。事实上《易经》说易有太极，易就是“自然”，我们必须认识这个自然，以这个自然的内在创造力作为万物的根本，而后每一个事物也都是更后期事物的本，所以《论语》说“本立而道生”。有了这个自自然然的本，就有自自然然发生的道。基于此，本体的概念是由本到体的自然发生过程，此一发生过程来作为存在的说明。而所谓存在则具有一阴一阳的内在结构。因此《易传》说“一阴一阳谓之道，继之者善也，存之者性也”，也就是在阴阳的基础上，万物继续发生而继承原始的存在之善，形成个别事物之性。

《易传》依照《易经》发展了一套本体存在发生论的符号体系，从乾坤二元到六十四卦，展示了一个理路分明、符号清晰的符号体系。这个符号体系也可以看成是一个存在发生的体系，是在一个本体发生过程中出现的万物形成与变化的秩序。每一个卦都有它内在的存在结构，包含着存在的有关信息，是和本体之本与本体之体不可分开的。但是这一个存在体系也是可以无限展开的，展开的过程是一个时间发展的过程，在展开过程中，我们可以看到一个本体相应的回收过程，也就是六十四卦可以还原为三十二卦，三十二卦可还原为十六卦，十六卦可以还原为八卦。这就是老子说的有无相生，有是一个发生过程，无也是一个发生过程，两者相应，有生便有死，有死便有生，也可看成是有无循环。在这一个循环过程中看到万物的时空定位和它呈现出来的品质特性。显然我们看到所谓的时间空间都应该是存在发生过程中的特性，并不是独立于存在发生之外的独立存在。因此中国的本体概念经过分析，可以看出一个动态的结构与动态的过程是分不开的。这样一个本体存在的概念是和西方只讲 ontology 存在论的存在概念不一样的。因为上帝造物，按照犹太教的《圣经》固然是先创造时空天地，然后再把人物放在时空天地之中，而万物的存在也离不开上帝创造的意志，而必须成为上帝权力主宰的领域，中国所说本体具有一种自然创造，万物自在还又相连，合乎整体秩序，形成一个扩大的生命共同体，带有存在合乎秩序的结构。

从以上说明，存在论和本体论是完全不同的架构和形上学概念，不可混为一谈。两者各自引领的认知性与人的存在性也不一样。最重要的一点是西方存在论可以因为人触犯上帝的意志，而使人有了原罪。但在本体论中，人天生是“继善成性”，是“天命之所予”，不存在原罪问题。既然人可以失落、堕落、犯罪，那人也可以自生、改过、自新，恢复本性，如孟子所说。这当然也是儒家对人的性善论之发挥。总结言之，ontology不等于本体论，本体论可以说为是“本体存在论”，而ontology只可说为是存在论或上帝存在论。此带动的人性论、知识论、伦理学甚至政治哲学也都完全不一样，构成两个不相同的文明发展。当然此一不同并不妨碍彼此的沟通以及交往，但却要针对彼此的革新概念，经过思考的探索用自我的语言来理解与诠释对方的各种活动和性质。另外要说的一点是，西方的存在论ontology从希腊哲学早期发展情形来看，事实上并不缺少对宇宙变化的认识，只是这样一个变化宇宙观没有受到重视与接受而已。我指的是在纪元前第六世纪，希腊有两支哲学潮流，一支是小亚细亚的赫拉克利特主张的万物都在流变之中，但也没有发挥出一套变化哲学，只看到这种变化最后带来万物的毁灭，因此对人生悲观。这和中国的易道精神是相反的。中国的易道是继承天地的创造创新能力和变化能力，人也就可以修己尽性，创造文明，实现自我的潜力而完成人生。希腊与西方所接受的另一支潮流是纪元前第六世纪的巴门尼德主张存在的真理永恒不变，也只有不变才是真的存在。巴门尼德接受神秘哲学家毕达哥拉斯的数学思想，认为除了数学的真理之外，一切都是假象。因此产生了以几何数理为永恒真理的思想，对现实变化的世界有一种防备的心理，当然也可能产生一种改造的心理。此一数理的形上学改造往往是以人的知见和智力来进行，最后也必须靠科学和知识来寻求可靠的行为方式。此一数理形上学在某一个意义上摧毁了自然的人生。目前西方讲人工智慧，机器人设计就是走的这个路线，其效果是福是祸尚未可知。但如果能够同时遵循中国本体论的内在自然主义，其结果也许更为可取。

基于以上对本体概念的分析，我提出本体诠释学概念的重要性。因为我强调诠释学必须要有一个形上学的基础，而这个形上学的基础在西方是 ontology，在中国则是本体论。即使在当代 ontology 也不受重视，受重视的 ontology 就是伽达默尔所主张的海德格尔的人的存在论以及蒯因所遵循的物理科学存在论。海德格尔的人的存在论把人看成现实的存在，是一个被抛出的存在，无根的存在。似乎假设了一个上帝概念，因为他用“被抛出”[Geworfen（heit），thrownout］这个词，显然意涵着一个抛出者的存在，那就是上帝。事实上，海德格尔可能隐晦地引用了《圣经》中上帝把亚当夏娃赶出伊甸园这样一个典故。因此人的存在基本上是悲观的。海德格尔所描述出来的存在情绪（existential feelings）是焦虑（Sorge）、恐惧与无聊等。这样一个人的状态显然不同于中国人所说人的发生所具有的生命活力。因为中国人所说的人是在天地中产生的，而具有天地所有的创造力和生命力以及相关的潜力。人生的过程就在发挥实现此一内在的创造力、生命力与潜力的活动中获得快乐与美感，同时也创造了人类的文明，见之于人的哲学思考、生命信仰和艺术创作。至于蒯因说的 ontology，他预设的是科学哲学能够发现和建构出来的科学知识，包含物质科学的量子论以及脑科学的神经元结构等。按照这些基本的科学发现来说明人的感觉与心理作用，把人的“心灵”（mind）看成是基本粒子和神经元的建造。但他并没有明确说明人的存在必须还原为物质的存在，只是在谈到心灵存在的时候，表现了这样一种物质还原的假定。但实际上蒯因也可能是自然主义现象论者，以自然存在的各种形体为存在的实际根源，而不必把一切都化为微观宇宙的存在。

总结以上来说，无论如何不管是海德格尔或蒯因，都没有中国本体的概念，也就是没有一个从本到体的创造性的发生概念。我们可以顺便提一下怀特海，怀特海主张真实世界是一个事件（event）不断发生的过程，而此一事件发生也显示出一种创造性的原理（principle of creativity），能从多变成一，但他的创造性原理也应该包含一变成多的可能性。如果创造的正面发生是一变成多，那是无生有的过程，则多变成一可以看成基本是有变成无的过程。他主张创造性的激活，但他所面对的质料却是柏拉图式的永恒理念（eternal ideas），也就是说他的创造论只代表一个形上学的宇宙论。简言之，他表达的是以世界的现实接受理想的张力来不断创造。他也强调现实世界如何回应理念的上帝，相互为用，最后的结论中他是以现实世界（World）与上帝（God）理念相互为用、相互转化而循环不已。（可参考怀特海的《过程与实在》一书中的最后一章）怀特海的思想接近道家思想，甚至可说是采用了阴阳互动的基本结构，也就是乾坤互动，作为变化的原动力。世界是坤，上帝是乾，乾坤二元互相转化，生生不已。但他并没有发展出《易传》和道家所强调的天地人的“三位一体”的想法。在他的《过程与实在》一书中看不到人存在的本体。但他另外写有关人的思想的创造性和探索性，也可能反映一个潜在的有关人的命题，人是世界与上帝和乾坤的作用所产生的生命存在方式。怀特海的哲学并不代表西方的主流思想，西方的存在论在目前就是海德格尔与蒯因，而且都来自于柏拉图和亚里士多德的形上学传统。

在与西方形上学传统的比较中，中国的本体论包含了存在论，而西方实际的存在主张也可以看成是中国本体论的一个分歧。因为中国本体哲学是更为完整的存在论结构，把天地人的关系都能够说清楚明白，同时也包含了人存在的生命的主要意义。海德格尔的存在论偏向主观主义，蒯因与怀特海的形上学偏向科学知识的自然主义，而中国的知识论则同时具备客观的宇宙真理，也包含人的存在的真理，同时也说明了天人之间关系的真理，也就是所谓天人合一（一般人说天人合一，实质上是天地人合一）关系的真理。如此理解，则所谓“本体”之兼含人的主体和相应自然的客体。主体是相对而言，如果我们把主体与客体统合论之，则称之为“本体”。就自然本身而言，自然也是主体。对其他人而言，我的存在也可成为客体。主客之分是知识的对应。我们可以把主客相应的统一性看作为本体。宇宙是本体，人也是一个本体。这个含义是非常重要的，其重点在说明天地自然与人的存在有由本到体的创发能力，包含不断发展的潜力。目前很多学者所用“本体”一词并非清楚的概念，也不知如何把知识论的主体与客体在存在论的本体概念中区分和联结。我在此本体思想的思考和研究的基础上，把本体的概念完全说清楚，这样我们就可以来认定本体是诠释活动的一个形上学的基础。此一基础代表两面，一是本体中主体的诠释，一是本体中客体的被诠释。其分别也让我提出“自本体”诠释与“对本体”诠释两个方向。“自本体”是从人的自身存在发挥其理解的能力以理解外在的世界与客观的存在，甚至也包含自身存在。在本体中认识主体，也认识客体，同时也在主体中认识本体，与本体所涉及的主客两面。至于“对本体”的诠释，则以本体为客体来看待，有如我们探索自然宇宙，是把自然宇宙或其发生的事物作为对象来理解其发生性与发展性，不必局限在主体的有关意念与意志之中。“自本体”的理解是侧重主体的意志性和实践性，而“对本体”的理解则侧重自然对象的知识性和规律性。

另外一点要澄清的是，“本体”不必理解为本来事物或本来的存在或固定不变的终极的存在。很多学者用本心与本性来说明本体，本心或本性主要指的是心之本、性之本。对孟子来说，本心或本性就是人的生命之本，但他的确也假设了这个本是无穷的资源，可以无限地展开和发展。他说：“人之有是四端也，犹其有四体也……苟能充之，足以保四海；苟不充之，不足以事父母。”（《孟子•公孙丑上》）孟子是强调人的发展的，所以他的本心与本性是具有生命力的。而后人的理解往往只有一个静态的本的概念，而没有动态的本的发展的概念，这是一个基本差别。

在《易传》中，本与本体并没有连用。《易传》强调“本乎天者亲上，本乎地者亲下”。《易传》也强调“黄中通理，正位居体，美在其中，而畅于四支”。不难想象本与体可以连用在一起，本与天地的创造力则可以发展成为生命之体，展现宇宙生命原本的活力。虽然《易传》并没有把本和体连用，但后来注解《易经》的学者却开始有了“本体”这个连用词。首先有京房（公元前77—公元前37）在注解《易经》卦爻辞的时候说“乾分三阳为长中少，至艮为少男。本体属阳，阳极则止，反生阴象”(《京氏易传》)。京房的“本体”一词是从卦象来说的，并无特殊的存在含义。到了东汉，我们看到荀爽（128—190）采用本体一词，具有本体论的意义。他解释否卦九五辞“其亡其亡，系于包桑”时说：“包者，乾坤相包也。桑者，上玄下黄，以象乾坤也。乾职在上，坤体在下，虽欲消乾，系其本体，不能亡也。”(《周易集解·否》)荀爽的解释发挥了本体的哲学意义，他把乾坤看成内在相关的一体。虽然九五作为阳爻，要消灭阴爻，但上下乾坤一体，内在活力相连。九五不但不消灭阴爻，而且获得直接相关的六二阴爻的支持。阴爻在这个地方可以说是本，因为阴爻之为本，才能够产生九五之为体。这种本体发展的相连就是本体的基本精神。同样我们看世界万物也都有一个本源的支持，因为都来自于本源的发展。即使具体的特性有相反的地方，但仍然获得本源的支持，因为在本源中也有新的发展。再说一个本源还有更深的本源，也是来自于乾坤组合，也会基于乾坤之互动互化得以有新的转化，因此脱离困境，走入佳境。事实上否卦的上九爻就是以之消解，而进入可喜之境。所以上九的爻辞是“倾否，先否后喜”。在此我把荀爽用的“本体”两字作为中国本体论最早的表达。

诠释学的诠释意义说明

有了本体论的基础，诠释学也就可以发挥它诠释的作用了。事实上诠释的可能性来自于所根据的本体论。就海德格尔而言，他就以人的存在情绪作为泉源来理解人的存在状态和性质，以及人的存在应该有的潜力。事实上本体的存在状态的反思形成人理解具体现象的前解。同样，蒯因以他的自然知识论作为前提或前解，来说明任何发生的新的存在事件，包括人的心灵活动与实际行动。同样，我们可以把本体存在论以易学为基础，作为整合、描述与理解分支建构的存在状态的品质、结构与发展方向的基础。就本体论与本体形上学而言，本体的创造性、变化性和创新性也都可以作为诠释一个具体存在的资源。事实上，本体创造的宇宙存在和宇宙中人的存在，都在一个变动不居的变化之中。不可能只有一种状态或只呈现某一种特性而已，新的状态和新的特性也会发生，因此对于一个基于本体论的诠释者，他的眼光和他所面对的世界情况，不可能和文本的原始作者一样。正因为此一不同，所以他能够重新理解原始文本的含义，而予以新的描述与说明。有些作为新的理解更能够引发新的行为作用，成为实践理性的基础。基于此，我们说一个诠释者是一个新的意义的创造者。因为已有的文本基于历史的发展，也有寻找新的意义的需要，说明它与新的存在环境的相关性。伽达默尔所说的“时间距离”（time distance）和“历史效果”（historical effect）在说明新的意义的可能和新的意义的表达诠释的需要，我对此完全赞同。但由于伽达默尔没有完全说明何以诠释成为可能，所以在我的思考中特别强调，诠释的可能必须来自于一个存在论的前解和前提。而这个存在论又必须是具有发展性的存在创造力，才能说明具体存在变化的可能，再产生新的意义和价值。所谓“时间距离”并不是一个量的概念，而是具有发展性的内涵，使诠释成为必要。伽达默尔并没有强调诠释的必要性，他只是就一个文本来说明一个读者必然有自己的观点以及必须面对历史的发展。其实历史的发展是时间性的，观点的不同是空间性的。当然可以有内涵的差异，即历史内涵和空间观点透视的差异。此一差异也非只是时空的问题，而是发生过程中创造出来的结果。从本体形上学来看，时空就是本体存在的一个形式，其内涵就是事物的发生和事物之间关系的变化。新事物的发生因此也可以说造成了时空的差异。用本体的发生变化来说明时空差异的存在，应该说更深刻地说明了伽达默尔所提到的历史效果和观点的差异。因此更深刻地建立了诠释的必要性，其结果乃是所有的文化产品和文本成果都需要在时间发展过程中不断地得到诠释，尤其经过长时间的变化和时代变化，诠释是必要的，这样才能使过去的文本和文物具有同时代的新的意义，为人们激发新的活力和新的意识与应用，甚至于解决当下的问题和困境。

基于本体形上学，我强调文本的不断重新诠释和理解，不必限于对话的方式。伽达默尔强调对话的重要性和对话的无限可能。所谓对话也就是透过问答来把新的思想、新的观点和对事物新的认识，以及对新事物和旧事物差异的认识，同时引申出来。我注意到传统的注释者对一个文本著作的理解，在寻求作者的原意。其实，作者的原意已经过去，并不能在文本中透露出来。理解一个文本是相应它的背景而寻找它的意义，因此在历史重建中，一个文本并非不可以放弃其原初的某种含义。由于时代背景的不同，其含义往往只具有一种比喻的性质，必须以当前的历史处境和时代处境投射新的可能，而成为新的理解，可以和原始的含义一致或不一致。但即使不一致，也能形成一个融合的整体，给予事物新的理解。不管是否指向历史的事物或当前的事物，这都是新理解的结果。所以我们要处于更开阔的立场，来认识诠释活动所代表的重要性。历史是在不断诠释中形成，人类的知识体系也是在不断诠释中发展。诠释不但包含过去的历史和知识，也包含了新的经验、新的眼光，以及新旧之间的相关性，使我们更好地认识这个存在的真理，也使我们更好地预见与面对未来，以此作为我们行动行为和实践的基础。

有一个需要回答的问题是，在我们丰富的文学和哲学作品行列中，我们往往把其中经典著作（称之为古典或典籍）看成具有永恒的价值。至于如何去理解一个古典著作的永恒价值，它的永恒性并不是来自于它原始的含义，而是来自于此一原始的含义在以后的发展中呈现新的面貌为读者享有，因为它具有启发人生意义和揭露人生真相的能力，也就是它经得起历史上的不同诠释，经过我们不断诠释的过程，而具有变中有不变的律则。这个永恒性就反映诠释具有的普遍性或普遍含义，荷马的史诗与中国的《诗经》都有它原时代的理解，但经过长久的历史，人们对它们的理解仍然有一个新的认识。不但包容了原来的历史含义，也显示了超越时空的分明含义，同时也保留了原始读者的理解，并展现了新的读者具有启发性的认知。这已经经过了一个诠释的过程。此原始的含义和展现的新的含义同时呈现在人的眼前。

基于以上的分析和说明，我在70年代到80年代写作了一些从本体经验诠释文本的文章，用于说明本体诠释学的重要性。80年代中，我更确信结合本体存在论与诠释学是诠释学必然发展的一个方向。由于我重视《易经》的本体宇宙论，并以之作为具体诠释文本的一个背景参考体系和前解，我提出的本体诠释学因此也具有融合中西文化与哲学的作用。后来我经过更多的思考，我不再简单认为本体诠释学是伽达默尔哲学诠释学必然的延伸和发展，虽然《易传》作为形上学的基础，但由于《易传》形上学的本体宇宙论具有世界性，是可以包含其他形上学的基础的。不但包含了一个自然宇宙的观点，也包含了一个人的存在的观点，更包含了人和自然存在内在相连的观点，因此具有重大的世界意义。如此看来，本体诠释学不但是中西结合的诠释学发展，而且是世界性的哲学诠释学的发展。我在2000年5月见到伽达默尔，与之交谈时我即提出此一观点。当然我并不确信他是否完全认可，但他并没有否定我的说法。而且他说他的诠释学是以海德格尔作为形上学基础的，但又说海德格尔最后必须回到天主教的神学，是否表示海德格尔的人的存在论形上学并不可靠。因此海德格尔必须理解老子的《道德经》，来重新建立一个亲近自然与人神共存的整体世界，并以此作为理解存在的意义与价值。在这一点我们可以看出以《易经》为基础的本体诠释学早就有了天地人的三维结构，同时也展现了一个万物并存彼此互通的根本世界。因此也能容纳“神道设教”的实用价值，而不必把神道变成是客观的存在本体，而只是本体诠释的一种应用而已。

在另一方面，本体诠释学中的本体论也不排除客观自然的知识观点，并以之作为发挥主体精神和人的主体创造性的资源，同时也是其创造性的结果。因此蒯因的自然主义存在论也可以纳入本体诠释学的本体之中，作为诠释事件事物一个泉源。我们对世界的理解与诠释因此是宽广的、丰富的、与时俱进的，也是生动的、无限展开的。因此本体诠释学具有世界性，作为所有诠释的终极基础并非不可能。1985 年以后，我在北京大学一再强调本体诠释学的重要性，并开设了伽达默尔与蒯因的讲座。当时学生们并不能够完全掌握我的意涵，却在学术界引发了对伽达默尔的兴趣与《易经》的兴趣。由于学者对本体论还不能够完全掌握，熟读经典与理解经典反而导向更重视传统的注释与解释方法，逐渐形成了所谓“经典诠释”这个概念，并以之与“本体诠释学”对立。传统的注疏往往都包含了本体存在论的观点而不自知，因此也有符合本体诠释学的基本概念的地方。我个人对“经典诠释”并不反对，但只能看成是一种非哲学化的文本意义说明，所遵循的原理基本上就是训诂学。如果以朱子《四书集注》为例，他的集注表达了他的理气心性哲学思想，也可以说无形中把本体诠释作为了注疏的前提或前解了。但今后我们诠释古典著作，尤其是西方的古典著作或哲学著作，要获得新的理解并不能从一个注释的观点，而必须更深入地掌握一套本体存在论的框架，才能够达到真正诠释的目标。甚至于在翻译西方的著作之时，也不得不从本体诠释的观点与方法，来进行更为有效的文本翻译或诠释。

在西方古典的形上学中，亚里士多德的实体形上学最接近我说的本体存在论。因为他的实体（substance）固然是存在的具体表现，但实体的存在是有其本源，有其目标，有其动力，有其形式的，也就是说他的四因说界定了实体的存在。但他的实体仍然不是本体，因为我把本体的根源看成是整个宇宙事物最终极的创造力，也可以说是一种原能。这个原能作为太极形成阴阳或者正负两种存在形式，也许可说为是正电或负电。再经过理性的组合，界定了不同层次的存在事物。亚里士多德是以原始物质（prime matter）作为资源和原料，来构建一个实体，而实体的形式则应该是一个外在的理念来决定，而不是内在于质料之中或内在于一个发展的过程之中。至于动因、目标、目的及终极的形式，也都是外在的“不动之动者”（unmoved mover）所决定的。这和本体哲学中原始创造力内在自身的决定是不一样的，而引发的实体哲学实质上是一种外在的本体论，与中国以易学为基础的内在本体论是不一样的。当然此处内外之别也可能是相对而言，本体存在论强调内在性实现外在性，而非外在性决定内在性。但也可以说本体诠释学是以外在性为潜在的存在，而内在性为实际的运作力量。在亚里士多德外在性是运作的力量，而内在性是后起的存在内涵。因此本体形上学或本体存在论赋予本体存在更多的创造性，更能说明人的存在。而亚里士多德的外在的实体形上学则说明一般生物的存在方式，对人的存在而言，人仍然要在沉思永恒存在的过程中实现它的自我超越性。与亚里士多德外在实体对立的西方形上学传统是基于犹太宗教对上帝的理解，可以名之为上帝超越存在论。上帝超越一切，也决定一切存在，人只能对上帝信仰，但无法认知上帝的真相。此一上帝超越存在论可说一直影响到西方最近代的理性哲学与科学哲学。

在康德的知识论中，“物自身”（ding-an-sich）扮演了一个上帝的角色，它可以有自然律与道德律的两个面貌，体现在人的知识理性思维与道德意志活动中。这两者如何统一起来，形成一个终极的本体，是对人存在性质的一个挑战。在当代科学哲学中，宇宙的本体也不是可知的，人们只能做出合乎科学方法外在性的观察假设与理论建构而已。这是一个虚构的实体，可以因科学知识的扩充而改变其假设的形式与内涵，而且不具有本体形上学或本体存在论说的本的含义，而只是一种虚构的对象存在。但科学的虚构具有重大的预测性与工具性，因为它是基于广泛的观察经验与逻辑的理论建构而形成。虽然是虚构，但仍然是实体，有亚里士多德实体形上学的基本性质。它可以是数学的、计算的以及为人所精心设计的，形成当代超智能与虚拟机器人的存在世界。人们可以以此一世界取代本体的世界，来满足人的各种离奇的幻想和精心设计的目标。当然，我对西方形上学的种类的分析和发展并不一定完全，因此也不一定合乎一些具体的历史事实。但大致来说，我把中国本体形上学的特性拟定为内在性与内在超越性，而西方形上学的主流拟定为外在性与外在超越性。如上所指出，内在性本体是以内在性来决定外在性的。而外在性的实体则是以外在性来决定内在性的。在内外超越的层次，也是一样。本体存在论以内在的超越决定外在的超越，而西方实体形上学则以外在的超越决定内在的超越。对于这两点，我将在说明人的自我存在形成中加以补充说明。

诠释自我主体性
及其结构发展

无论从本体诠释世界他者与文本，或从世界与他者诠释诠释者，都有一个诠释主体的问题。诠释和理解是动词，因此有一个主词来从事诠释和理解的工作。我们必须面对诠释主体的问题。诠释主体是诠释根源的感受者及表达者，我们如何去理解这样一个包含感受与表达诠释力量的主体呢？回答这个问题事实上就是回答人如何成为一个诠释者。在我从事诠释学思考的过程中，我认知到人之成为自我的重要性。但什么是人的自我呢？西方哲学早期是以人具有灵魂和心灵作为自我的内涵。对柏拉图与亚里士多德而言，自我就是人的“灵魂”（anima，psyche）存在。但所谓灵魂，事实上，就是人对自己生命的自觉，包含对感觉、情感、理性、意志、信仰等作为活动功能的自觉。古典的希腊是把理性作为人存在的本质，也就是以理性的灵魂和生命作为人的自我来看待。他们相信这个理性的自我是永恒不朽的，但却可以有不同的身体存在形式。当然这涉及他们的宗教信仰。但从哲学来看，理性的自我可以理解万物，可以认知外面的世界，可以思想问题，也可以想象未来。但由于人是肉体的、物质的，人的自我也可以透过身体感觉世界并发展情绪，形成情感，成为伦理德性生活的一部分。

到了近代欧洲，笛卡儿提出“我思故我在”（cogito ergo sum）的命题，来说明人的存在本质是思维，因此是一个纯粹理性的存在，与身体的存在是对立的，也就是西方近代人的存在二元论的基础。人的理性既然和身体结合在一起，到底人的自我是什么，变成一个难以回答的问题。英国洛克（John Locke

1632—1704）提出一个例子，一个王子的大脑被移植到一个鞋匠的身体上，这个鞋匠有了王子大脑，认为自己是王子，而别人看他仍然是鞋匠，他到底是王子还是鞋匠？洛克倾向于用心灵统一性来说明人的同一性，如果鞋匠的思想是王子的思想，那他就是王子。但事实上别人看鞋匠就是鞋匠，如果以他人感觉经验做基础，人的同一性只能在经验中决定。最后，也许人们会说这样一个组合的人既非王子又非鞋匠，也可以说既是王子又是鞋匠，并没有一个统一的标准。而我们反思这个例子，可以看到人的同一性是以人的自己认为自己为谁作为自己存在的标准。但这个同一性又必须满足心灵认同的标准，同时必须满足身体经验的标准。就一般正常人来说，我们从小到大，经过了一个心灵和身体是相应的和统合的认知过程。这个认知还不只是自我的认知，也涉及社群中他人的认知，也就是主观的自我同一性和客观的经验同一性必须建立一个统一的关系，才能确定什么是自我。作为自我，相对社会群体，一般来说，有自我的权利与自我的意义。由于涉及社会的认知问题，一个人的自我是社会整体的一个部分，是同时为自己和社会所决定的。如果为社会所认知，它又必须是一个伦理的存在，也就是它必须符合各种伦理的关系，具有社会能够接受的伦理的品性，尤其在是非善恶对错认同中符合社会的标准和社会所采取的宗教或伦理的标准。因此，一个自我的界定，并不是一个单一的自我决定的事项，是一个社会文化传统性的存在体，也就是它具有历史时间的纵深度，也有一个空间存在的广阔度。即使如此，作为自我存在面临传统中所经历的变化、扮演的角色，这些都构成自我存在的一部分。这些变化与角色，有的是主动参与的，有的是被动赋予的。有的自己完全可以认知，有的自己可以确定，有的却不能完全为自己决定而必须透过观察与沉思，透过社会与他人的观感来提供。当然，最后决定什么是真正的自我，虽然仍由自我来决定，但这个自我必须已经不是被动的自己，而是一个主动超越自我的自己，一个统一各种差异与矛盾经验，具有高度自觉和自由意志的自己。但有多少人可以做到此点，这是一个问题。因此人们往往忘怀自己到底是谁，尤其在重大的时代变化过程之后。很不幸的是，很多人不一定能够正确地掌握一个超越自己存在的自我，也就是掌握各种复杂因素在时空发展中整合为一体而超越之的自我。以此来判断自己的同一性为何，来面对该面对的责任，该承受的负担，甚至惩罚。同时也能够掌握自己的意志与权利，主张自我决定的价值与自由。

通过以上的分析来看，自我的存在是一个相当复杂的问题，也是一个在变化中建立同一性和自由性的问题。人的主体性就在于他是否能够有一个统一的自由的思想能力，能够洞察世界万物的变化以及文本的主体思想。从他自己存在的观点中重新理解一个文本或一个现象，并赋予它一个描述的或解释的意义。关于此一自我存在主体建立的问题，当代法国哲学家利科（Paul Ricoeur，1913—2005）在他的系列著作 *Time and Narrative*（1983—1985）中，他提出了所谓“叙述的统一性”（Narrative Identity）的概念，来说明人必须就其回忆中或知道的行动中来建立自己的自我。一个叙述可以是一个故事、一个事件。人的存在的自我是由人经历的故事和事件中发展出来，人可在一生中经历各种遭遇，扮演不同角色，具有不同的身份。这些身份和角色就构成了他的自我存在的一部分。事实上相对于不同的故事，一个人可以有不同的相对的同一性。他可以是商人，可以是哲学家，可以是病人，可以是军人。在不同阶段，不同处境，他有不同的身份，最后他能够把他一生的故事统合起来，界定他自己是谁，那就是他界定的自我。这种自我就是叙述的自我，他名之为“self as Idem”（可译为角色的自我），这个自我是和本质的自我有所区分的。“本质的自我”就是“self as Ipse”，本质的自我是人存在的底色，是不必受外面变化和遭遇的影响的。理想地说这个自我接近于亚里士多德所说的灵魂，利科对这个自我并没有进行很深入的探讨，他的重点放在“叙述的自我”的建立方面。他的另外一本书 *Oneself as Another* 说明人可以变化角色，转移同一性。如果一个人最后认同他的角色是什么，那他就有了一个叙述的自我，作为他“存在的自我”。利科并没有进一步探讨这两个自我之间的关系，但我在前面已经指出一个本质的自我不应该只是不变的自我，而是一个动态发展的自我。它的发展在整合自我的遭遇和角色，做出最后自我存在的认同。对这个问题，利科并没有做出结论。但他指出，叙述的自我已经涉及伦理道德的问题，与人之善恶行为有密切关系。他强调行动理论（Theory of action）是一个卓见，不可忽视。因为人的行为与活动决定了他终极的存在感受。而行为活动就有善恶的问题，因此善恶的价值的自我评估，就成为决定真实的自我的一个重要考虑了。

我在90年代认识利科教授，他在波士顿的现象学研究中心做叙述自我的演讲，我被邀请参加，和他有些基本的交流。但后来却没有再继续联系，对他的诠释理论我给予应该有的重视。他的自我形成论虽然还有很多问题需要解决，但却为诠释的主体性建立了一个主体的诠释理解的框架。在我分析诠释主体的内在统一性的过程中，也发挥了相当大的作用。以下我就我的本体自我的建立进行一个描述，把现象学与诠释学同时应用，以之为经验的基础进行分析与反思，建立我的“生命十性论”。

关于建立“生命十性论”的思考

我说的生命十性是包含自我内在活动与外在活动所有的重要方面的存在特性，主要目的在说明自我形成的根源基础，并在此根源基础上建立与发展人的内在存在及生命机能，用以说明人的内在活动与外在世界包含他人与世界万物的相互作用与实际活动及其影响。人作为生命体是整体的存在，但却是一个开放的存在。他必须保存他内在机能的健康与正常运作，促进自身的健全与成长，并透过一个与外在世界与他者相互适应与磨合的过程。人之内外的活动是有一定层次的，有一个引发与激动的过程，把生命看成是有无限潜力的。无限指他没有别人的限制，能够发展其内在的创造力。但这一发展过程的实际发展却是有限的，因为它必须透过身体的机能来实现。它可能遇到限制与阻碍，但它也能够突破这些。理论上创造性的根源是无限的开放的，它似乎能够无限地应用这个创造力，至于应用到何种程度则依赖它自己修持的功力如何。在理论上，修持的根源是内在于宇宙的终极创造力。此一创造力是直接通向生命存在的。生命体联结自身存在的方式以及何种程度发挥此一创造力，得看不同个体的内在存在的条件以及自我修持的功力了。人的生命无限而有限，它在认同宇宙创造力之时是无限的。但在面对身体与环境的限制之时，却是有限的。因此，基于经验的考察，生命的本性发挥可长可短。但都接受自然律的限制，因而有生老病死的现象。人的自我存在第一个层次是宇宙内在的生命力，第二个层次是生老病死的律动性。这两者都可以看作是生命的自我存在的本性。人的存在因为有内在的创造力，他的活动在用此一创造力来实现生命真正的价值。此一价值也可以说是生命的原始之善。所谓善，就在于发挥生命的潜力实现生命的价值，不但为自己也为世界与他者。孟子说人之性本善，其根本意义应该就在于此。

在生命成长过程中，个体的自我逐渐自觉其个体的存在。“自觉性”也是生命潜力的一个实现，自觉代表心灵反思的活动。自觉已经显示了心灵的活动，也体现了自我与世界的分别性。基于自觉性，一个人能够区分世界与自我的差别，同时也逐渐发现与发展自我存在与世界存在的基本交往关系，同时也发现自我与世界间接与直接的活动的相应性。自觉也是感受知识的开始，逐渐理解自身认识世界的概念和语言范畴的关系。自觉不但认识到人与世界之间的交往关系的重要，同时认识到人必须接受自然的限制，来达到生存的目的。同时人也透过自我的反思，认识到如何利用世界的知识来达到自身欲望和意志的目标。因此自觉性对人的自我存在意义相当重大。它不但是自我的意识，也是自我存在与世界的意识，也包含了世界作为认识与应用的对象。因为意识导向感觉知识与理性知识的发展，可以进一步认识宇宙与自然。另一方面也包含了欲望与意志的发展，使人能够主动探索与考虑如何利用知识及对象来达到自己的生命目标。所以自觉性也包含了主体与客体的统一性的认识。所谓统一，一方面能够适应自然世界，另一方面可以使自然世界满足自己的需求。在这个意义上，自觉性是结合内在的生命能力与外在的存在状态，来实现生命的基本目标的。因此意识不只是被动的存在，也是一个主动的存在。我的自觉性包含了唯识理论的前六识，而为第七识，即为“我识（末那识）”。这也表示自我存在整体的统一的个体能够管控生命内在存在的感官活动与意志活动。最重要的是自觉性作为统一内外生命经验的整体存在，也体现了一个潜在或显明的目的性。此目的性要求生命继续存在，要求生命得到满足。由于人的目的性可以不断提升，人所自觉的意念情感与意志及理性也呈现一个发展与提升的进程。在此关头，我们可以分别内在自觉性与外在自觉性的认识。内在自觉性要实现更高的目的，要获得更多的价值来实现自我的存在。因此产生了理解的认知和理性的分析建构活动。相应于这个内在自觉的提升，人在世界上的活动也就进入到比较复杂的状态。基于不同背景和能力，生命的自我取得了不同的时空位置与社会地位，被赋予不同的角色和身份，以达到社会分工合作的需求，此一自觉的生命认同也因为环境和处境而改变。因为教育的影响，人可以发展不同的内在功能。人的内在思考能力知识结构也可以有很大的不同，因而可以取得不同的社会角色，因此具有不同的社会统一性。但人仍然是他自我的存在。一方面他有不同的角色认同，另一方面他必须肯定他自身作为生命体的理性。这样一个统一性相对的不变，而人外在的统一性则可以变动，这就是利科所说的“Idem”和“Ipse”的区别。但必须注意的是，人们会有角色的认同，因此以为角色的认同就是自我存在的同一性。但事实上并不可能只有一个社会角色，而往往在诸多角色中要选取一个自我认同的角色。而使那个自我认同的自我成为他本来的自我。这个自我至少是不因时空的改变而改变。但角色可以换位，而你仍然是你自己。你的生命故事的叙述可以很多，但不一定每个故事都代表你变了自我。如何建立这个不变的自我，往往是一个问题。对一般人来说，往往并不能界定这样一个自我，只知道自己有这样一个自我生命体。如上所说，利科提出很重要的一点，就是这个自我是一个伦理的自我，也就是在诸多不同的自我角色中，自我能保持他原初之性的本色，也就是善的本色。要保持这个善的本色，就必须要确定在一个生命的发展过程中，各种角色都能符合道德和伦理的要求。如果在一个角色中犯罪，有违反道德伦理的行为，本性的自我也就有重大的缺陷。即使他的社会自我仍然保持平安无事，内在的自我还是有很大的缺陷。这一点说明本体自我存在的重要性，但这个本体存在的自我如何体现和形成一个自觉的存在个体仍然是一个问题。因为生命成长其目的是要积极实现生命内在潜力，使他成为天地间的一种价值。因此，人的反思带来不同的积极成就自我的方式。就儒学来说，人应该积极地发展充实自己的德性，能够与人为善，促进世界的福祉，为人类带来和平与繁荣。张载的“四句教”最能表达此一儒家的愿望。道家则强调人对天地之道的体会与交往，以达到清心寡欲，无为而治的生活目标。当然还有西方的宗教如基督教，强调信仰上帝，帮助穷困无助之人。佛教则在消除人的七情六欲，回归空性，为人间带来一份清净和平。这些都是修养自我本心的基本道理。在这个基础上，我们提出“内在超越性”的重要性。人的本心的内在活动由于目的的提升，超越它自然的欲念而创造人类文明和道德的价值，体现在道德品格、理性思维、智慧追求与艺术美感之中。这些创造性的价值就是对人存在活动的一种超越，也就是在其活动中提升人存在的层次与价值。

相应于这些内在价值的活动，需要的客观认识理念与实质的管理条件，都可以看成是一种外在性的超越存在。所谓外在性存在，最明显的是抽象理念的存在，表达一个价值的模型或标准，并赋予它一种完美的形象。就人的生命发展来讲，使人脱离纯粹物质世界的约束，而进入到一个理性清明的存在世界。这个世界事实上就反映出内在超越所呈现的价值，而且能够继续开创这样的价值。外在超越是超越外在物质的存在，而进入到一个抽象理念的境地。但这个超越的世界不一定把它看成是脱离我们经验的世界，而看成是对经验世界的一个升华和创造。但另外有一种超越是完全脱离现实的世界，以之为另一个存在世界，也就是上帝的存在。西方传统强调最高的外在超越存在就是上帝，上帝存在的属性不等同任何我们现实的世界，因为它是最完美的存在，也最具有权威，并有拯救现实的能量。这种神性的存在就是西方宗教的根源。

从中国的传统来说，中国不一定具有亚伯拉罕宗教的外在超越性，并不会把超越存在的价值看成是一个具有人格化的存在体。首先中国早期的文化所说的“天”与“上帝”事实上都处于这个世界，只是它具有最高的层次，但并未脱离这个宇宙。它的存在是一种创造的活动，是生命创造的过程。它的存在被说为是一个“道”的存在，“道”是体现在自然生命与人类生命之中。天被认为是道的原点，而天道则是天实现它自己存在的方式。在这个意义上，中国原始的上帝与天已融化在对道的认识之中。而道包含一切，内在的创造力也要发挥这种存在所包含的善，因此道也是人存在的德的根源。此一理解中，天道与德性、人性和生命性都是一个整体，使我们可以想象天道的主体具有的原点地位，但它不必是一个人格神，而是一个原初生命力和生命的创造能量。这种外在的超越性对人的存在仍然可以发挥各种如教化、提携、启发、救助、包含、鞭策等作用。总而言之，相应于内在超越性，人的存在也需要外在超越性。而外在的超越性也必须和内在的超越性相互对应与影响，外在超越性使内在超越性的价值更为美好丰富与完整。而内在超越性也可以使外在超越性更为稳定与持久，因而引发信念与改革更新的力量。

从以上的分析观之，外在超越性可以有西方“断绝式的外在超越性”与中国“连续性的外在超越性”。内外超越性可以结合为一体，在中国哲学传统中，内外超越性的统一结合就像内外自觉性的结合一样，使人的存在层次更为提升。那是一个内外兼顾、内外包含、彼此平衡和相互和谐的整体感知，我名之为超融性，也就是超越的融合性（transcendental integration）。这个超越性的体验在《易传》可称之为“乾道变化，各正性命，保合太和，乃利贞。首出庶物，万国咸宁”(《乾卦•彖传》)。而就内在性的超越主体而言，则呈现这样一个心灵理解，即是“与天地相似，故不违；知周乎万物，而道济天下，故不过；旁行而不流，乐天知命，故不忧；安土敦乎仁，故能爱”(《系辞上》)。此一境界也见之于《中庸》所说的“道并行而不相悖，小德川流，大德敦化”。这三段引言用来说明人的存在层次提升到超融性而表达内在超越性和外在超越性的统一意识和境界。至于此一超融性如何应用到生活层面，必须要说它形成一个终极的理想性，可以灵活地指导和引导生活的实践目标。至于细节则必须另行探讨。

总结我说的生命十性论（Theory of Ten Life Natures）[1]，首先包含了生命的创造性作为第一性。生命的律动性就是人的存在的第二性，因为生命依照一定的规则来维持与进行。而生命表现的形式则为外在性和

1 我的“生命十性论”的提出是经过长时间的思考的，我从孟子的性善论中感受到生命的丰富的德性，才能彰显它所谓的善性，所谓善就是实现最高的德性。这个想法我酝酿了许多年，最后在我的前一本名为《理解之根》的书中提出。该书尚未出版，将来仍然由岳麓书社出版。本书用的版本即从《理解之根》中移植过来，并加以发挥而成。

内在性，因为它有外在的界面也有内在的界面，此两者实为同一个界面，只是我们把它分为内外来说。因此，内外合一，就像《中庸》所说的“合外内之道”，此为第三性，即生命的内外统一性。由第三性能够产生内外之分的自觉，生命的自觉存在也就出现了，所以我把生命的自觉的内在性作为第四性，自觉的外在性作为第五性。所谓生命的存在体，也就是人的一种自觉的存在感。而这个存在感是以内外统一为基础来反思的。存在是内外合一的，并能够被自觉为统一，肯定内外的统一性，就是自觉的内外统一性，有一个自觉的存在，也就是自我主体的存在，这就是第六性。自觉的内外整体性作为第七性，超越的外在性作为第八性，超越的内在性作为第九性，内在外在相互超越的超融性（也可称为理想性）作为第十性。

我的生命十性论是一个动态的结构，它却无法很深入地表现它的内在的、动态的、一贯连续的创造性。也就是说生命的创造从开始到最后目的与理想的完成，是一个一以贯之的在实践中可以向前提升的过程。在这样的过程中从原始点（本）经过一个创造的持续的发展过程（道），使生命体的本成为一个具体的独立的存在个体，也就是人的个别生命或天地个别之物（体）。合起来说，就是本其本，道其道，体其体，而后本立而道生，道生而体现，也就是时间发展的过程，也是存在实现化的过程。同时从客观的眼光来看，也即是时空、物体与生命同时发展和进展的过程。这点十分重要，因为这涉及辩证的思维，假设了人的存在体的思维的辩证过程。经过这个过程，我们才能够创造出知识、行为、人格、社群、文明、价值和繁荣的世界。这是一套非常重要的方法论，也是一个自我反思的知识论，以及创造价值和文明的形上学，进而包括基本的求知求学求德求仁的人自我实现的过程，所有做学问的方法和行为都必须以此为基础与引导。

以上生命十性形成这一动态发展的过程，也就是生命本体与世界本体交往互动与互补的结果，是一个生化发展与发育的过程，也是一个生命个体实现理想完成的过程。对此一十性之说，我们可以来说明人类各种创造活动的意义，包含文明、文物、文献、文本等创造活动。也就是使一个主体的自我能够进行对世界历史与文化传统中的文明文本文献文物的诠释与理解。这个十性之说的重要性要从生命中主体积极发挥理解与诠释的力量，使理解与诠释成为一种动力、一种创造力，不只是一个被动的存在的方式，而是一个积极实现存在的方式。在这点上，本体诠释学与哲学诠释学有很大的不同，也不尽同于利科的叙述统一性的理论，是把利科的本质的统一性看成一个自我理解存在奠定智慧，而实践道德的动力所在。利科学说并没有提到此点，因此本体诠释学具有重大的创造性的综合，反映出生命原始创造力的基本性质与建立，并具有不断发展不断扩充的时间性，为人类创建理想世界和生命共同体的重要发展方式和方法。我对本体诠释学的思考显然有一个逐渐深入和逐渐扩大的意识，而此一进程则把中国哲学的资源，尤其是《易传》的资源应用到诠释形上学基础的建立上面。依此本体诠释学兼具中西文化的应用，能为现在世界创造更多的理解与价值，也为未来的人类开辟共同繁荣的道路。

以上对主体自我的开导和建构体现了我近十年来的持续思考，在最近修订我原写的有关本体诠释学建立的文稿时特别强调蒯因分析哲学的重要性。我在多年前就想到一个动态的诠释发展过程，那就是由现象学的现象呈现开始，到分析哲学的分析，再到诠释学的诠释理解，包含对知识论的分析与建立本体学的前解，然后再到实践与应用，涉及现象、分析、知识、本体、诠释、应用与道德实践七个方面。在实际的写作中，我只强调了分析、诠释与本体的重要，甚至强调了本体诠释学是本体学与理解学的重要代替。我认为它也代表一种方法论，但不等同于伽达默尔所说的方法，而是与真理概念相互相应与融合的方法概念，在本论文中有所体现。另一方面，由于我探讨本体自我建立的过程，并对牟宗三先生“道德形上学”的思考有所留意，因此我想在此对牟宗三先生道德形上学也进行一个有关的关注。牟宗三建构道德形上学，认为人具有无限心智，应该是属于我说的内在超越的一个存在层次。但“无限心智”并非自然存在，也不一定是真正的无限。由于生命的构成必须在不断的内外互动的活动中发展，对我而言，无限只是一个抽象不实际的描述。其实人需要实现的是人具有的潜在的深厚创造力，但实现出来的成就与价值仍然有其有限的条件，必须进行一个长期而深刻的思考与实践活动。

就像对话理论上可以无限地展开，但实际的对话有一定的限制。人也不能脱离这个无形的限制，这就是我说的创造力之上的人的生命律动性的限制。因此人必须在有限的时间里追求不断提升的意义与价值，这样才能说他具有一个潜在的宇宙的无限性，把它延长扩大与凝聚成为集体的人类心灵，在历史的长河中无限制地发展。但从个人的道德的成就来说，他能够成就的道德性就是必须在有限的生命基础上去完成，只有达到了自己超越的层次，他才具有无限的意义，这是我的理解。基于此，我认为我们必须重建一个道德主体的内涵。道德主体也不能离开生命主体来实现，因此我把道德主体看成生命主体存在的一个层次，是在内在性基础上自我超越来实现。

基于这样一个认识，我提出的是一个自然主义的生命观，而不是一个虚构的道德形上学的悬想。为了建构自我主体的存在层次，我利用利科有关自我叙述统一性和根源统一性的说法，以角色认同为主，区分外在的叙述的统一性，有别于一个以生命的道德觉知为主体本身修持的自我认同。我坚信人性本善，在善的自觉中人们可以实现伦理的德性，不断修持，达到孔子所谓的“仁者之心”。这是属于内在超越的重要层面。这样的一个理解中，一个自我的建立具有错综复杂的认同问题。因此经过我的疏导与建构，形成了我说的“生命十性论”的动态发展结构。如此我就补足了本体诠释学有关本体中主体存在的重要面貌与形态。质言之，自我本体存在是一个发展发育的过程，自我超越与自我统一则是实现自我的根本途径。它与生命的本源创造力直接联系，也直接通向一个理想的人生存在境界，而此理想成为超融性的理想使他现存的人生也能获得基本的理性自由与生命的福利福祉。如此，我的十性之说作为一个自然主义的道德发展本体学就成为了诠释学的一个重要根源，也为诠释学找到一个积极的创造的主体，作为生活世界的行为动力，也可以成为人类社会和世界整体发展与实现的动力所在。

总结来说，我的本体诠释学经过一个长期的发展过程，也就有了更新的一个结构，或者说更完整的结构与形态。在这个意义下，我重新论述本体诠释学，提出自我本体存在论与本体诠释学的关联，我的论述是基于更早的对本体诠释学的思考而逐渐导向本体存在论，当初我称之为本体学，以本体学来说明本体存在论也就隐示本体主体的发展是一个逐渐修持的过程。现在称之为本体存在论，旨在强调本体主体中的存在结构。而本体存在论的实现仍然可以看成是本体学的发展，所以在这两个词之间，我并无理由放弃任何一个。但为了方便，仍然用了本体存在论，以之作为本体学的自我存在发生过程的建构。本一论文主要由我原著稿件中三个部分及其他有关章节构成，并以宏观的方式叙述我理论的发展过程，希望能够更容易被理解。至于论文所属于的全稿，有待较后以书的形式面世。再者，我也有一个用英文简述我的理论的计划，可能需要一段时间的工作投入才能实现。

2012 的课程回顾及其含义

2012 年春季学期，我在夏威夷大学开设了两门课，讲授西方形上学和当代科学哲学。目的是带领学生阅读这两个领域的典籍，反思和检讨现代科学形成的哲学背景，及其与西方形上学发展的关系。我们知道有两次科学革命，第一次科学革命是从托勒密系统到牛顿物理学和天体力学的发展，第二次科学革命是相对论、量子论和超对称理论的发展。我考察了哲学的问题如何导向了科学的理论，科学理论又如何导向哲学问题。真正的哲学问题都具有形而上的含义，在西方如此，在中国也不例外。西方从古希腊哲学到中世纪哲学再到近代哲学，从笛卡儿到康德再到黑格尔，所有西方形上学的发生与发展，都可被包括在我这两门课程之中。因此，这两门课对学生是非常具有挑战性的。学期初，根据我描述的课程要点、内涵和参考书，很多学生都有兴趣，选择来听。我要求他们坚持听下去，不要遇难而退。我要求学生写两篇期中小论文和一篇期末论文，激励他们共同思考课程的主题。我不是第一次开设这两门课程，但在这学期我要求更严谨，要把课程中讨论的主题作为问题中心来发展和考察，并重视原典，从原典出发。

这两门课的主轴是形上学。西方形上学从亚里士多德后期思想开始[1]，认识到物质世界存在的基本存在

1 亚里士多德早期从观察自然事物经验中建立了物理学等，但他不满足物理学中的存在，没有一个存在的背景理由。因此，（转下页）

物为“实体”(substance)。实体是占据时空的具体存在物，其存在有四因，质料、形式、动力和目的。目的是实体完成的形式，是实体存在的最高形式。从现有的亚里士多德《形而上学》一书来看，关于物质的实体概念经过多次的思考。其中一个重要维度就是实体的潜在状态和实体的变化状态的差异。亚里士多德还考虑到实体存在在宇宙变化中的地位。以实体概念作为基础，对人存在的理解也就有了一个基础。人和物都是形式与质料合成的存在体，一物之中两者不能分开。实体之外另一个根本存在物就是神，叫作“不动之动者”(the unmoved mover)，是使实体物运动的根本原因，同时也是事物运动所向的目标。亚里士多德形上学系统虽然是建立在他的物理学基础之上。但所谓“不动之动者”，却被亚里士多德看成是“非物质性的实体”(immaterial substances)，是个别存在的，

(接上页)开始推敲实体存在的根据与基础，提出了“第一哲学”(First Philosophy)的概念，第一世纪以后由于编者的编著方式，此一第一哲学被命名为“物理之后”(after physics)，也因此称之为“形上学”(metaphysics)。但“形上学”是中文的概念，是与形下学相对应的。此处亚里士多德形上学也就可以与他的物理学对应。此书共有十四章，包含四因说、实在性、潜在性等理论。

指的是天上的永恒存在物，也可以看成是纯粹的理念形式。如何在物质宇宙中具体存在，是难以理解的。他的心灵论中的人的灵魂也是非物质存在的，是否反映了柏拉图的理念独立存在之说，也都难以判定。他的形上学对中世纪神学与近代欧洲哲学，具有不可磨灭的影响。

亚里士多德不是雅典人，而是来自北方马其顿的斯塔吉拉（Stagira）。十七岁就到雅典读书，在柏拉图的学院里面研究了十八年。他本应该做学院院长，但是他后来的思路和柏拉图传统有所偏离，以至于不能继续在柏拉图学院留下来。柏拉图主义偏向于理念与物质的二元主义，十分强调理念世界，并在理念世界中探索理念间的逻辑秩序，因此非常重视数学。亚里士多德并不重视数学，而更重视客观世界的存在物，以及存在物之间的“有机关系”（organic relationships）。如此理解，有学者把亚里士多德的实体概念看成发自一个生物学的模型。世界是一个生物体系而不是数学体系，也不是柏拉图所说的理念世界的模仿。在柏拉图看来，人类世界中的价值如真善美、和谐正义、道德勇气等，都有其原型的根据。而亚里士多德更从人的经验发展中，来界定人的价值，包括社会价值。

通过这个学期的授课，我对亚里士多德的形上学有了更深刻的理解。亚里士多德的形上学在西方哲学之重要性，反映在他的实体主义、四因说、实在性与潜在性两态存在之中。他的实体主义对存在的层次进行了定位，反映出一个存在基础与存在层级高下的问题。存在有一个最基础的层次，也有一个最高的层次，而且各有其内涵。人的实体在宇宙之中并非最高层，也非最低层，却有它自己的内在结构，以此能够进行感觉经验与理性思维，发为伦理与道德行为，并能组合一个经济政治社会，创造文明，形成治理的系统。亚里士多德同意柏拉图的贵族统治（oligarchy）的观点。但是，他没有把统治者称为“哲学王”（philosopher-king），只是认为统治者应该具有智慧，能够建立秩序并发挥领导推动作用。社会伦理作为政治管理的基础，应该展现良好的习惯，遵从已建立的道德规则，以求行为的卓越性。亚里士多德预设一般的人都能采行合理性的行为，因为人天生就具有理性。亚里士多德所谓的合理性，实际是一种中道（mean）的行为。但此一中道，和儒家的中道（central）并不完全一样。但也有相近的地方，既不过也非不及，既不过分也不缺少。既强调社会的正义分配与良好习惯，也强调个人追求幸福、卓越与友谊。整体来说，亚里士多德突出个人，显示个人存在的实体性与终极性。但亚里士多德并没有说明人的本性为何，有何来源，只以人之理性为人界定的基础。他也涉及宇宙永恒的存在体，人由造物主所造，具有自然向善的目的感，并能在沉思永恒物中获得最高的快乐与智慧。他的永恒物是天上永恒不变的星体，也可能包含数学的真理，甚至柏拉图的理念。但他并没有对此强调，因为他并不同意柏拉图的存在二元论，而从一个实体一元论的立场来说明宇宙变化与人的发展，在经验与理性的基础上进行知识性的理解与反思性的价值判断。他并没有儒家对终极存在意义的创造力的认识，因此未能体现一个整体的创造变化的宇宙本体的思想，也未能发展儒家《易传》所呈现的天人合一或天人合德的思想。因此他的伦理学只是就个人的追求幸福着眼，而未能像儒家一样，建立具有本体性的仁爱思想，以实现亲亲仁民爱物的价值世界。

从柏拉图到亚里士多德，可以看到一个从二元存在到一元存在的进程。此一进程，展现了经验观察反思的创造活力。在这个基础上，如果我们进一步探索人性与天道的内在关系，把实体一元论转化为天人存在合一论也就形成了儒家的思想架构。在另一方面，亚里士多德的实体二元论却在西方实际上导向了上帝存在论。经过两百年与犹太耶和华上帝宗教思想的结合与融合，把西方的哲学引进中世纪的神学，要经过从亚里士多德开始算起的一千年，才重新走向人文主义的发展。从人文主义到文艺复兴到宗教改革到启蒙运动，然后到 19 世纪的德国理想主义的兴起，再到 20 世纪实证科学主义的推广与建立，不能不说都未离开基本的亚里士多德实体主义思想。然而新科学与新哲学的发展却把形上学的世界，进行了重大的改观，突显了新的存在概念与存在阶梯，引进了对生命对人对终极存在新的探讨。此一发展，我称之为“存在诠释之转向”(turn toward interpretation of existence and reality)。在此一转向中，不但哲学诠释学油然而生，中国原有的本体诠释也应运而起。把实体哲学与本体哲学对应来看，本体哲学突显的根源论、生命论与天人合一论，以及知识价值互通论，可说在肯定基本的实体主义的基础上，进一步展开了一个涵盖中西的世界哲学架构，超越西方单面的历史，把人类的整体性与世界的整体性进行了一个创造的推广与发展，使人类的存在更具有世界性，也更能实现人类存在的价值理想与目标。

第二部分

从本体到本体诠释

名词对象化与中国传统思维

我提出中国哲学的本源为本体哲学，是就中国哲学的发展点来看待的。从70年代多方面的出土资料与传统的对易学的研究，我得到的结论是中国哲学有一个易学的起源，也就是以对易的认识与自觉作为起点。此一认识的方法是观察、经验与体验，观察于外，经验其变，反思其义，我们看到中国的先贤们在中国早期族群农业化时代所保存下来的基本意识形态，也就是易的宇宙观与天地生人，人能弘易的认识论。在此基础上，我产生了“本体”这一概念，重点在说明存在之体有一个从本到体的生成过程，更有一个生生不息的原始创造力的作用，使存在之体逐渐成形或逐渐变化，实现存在的价值。这一过程，是生生的过程，戴震称之为“生生而条理”（见戴震《原善》一书）。显然，此处说的生和生生，不同于产生与制造，并不涉及人的或神的设计与意向，而是自然的发生，但又具有生命的品性。因为所谓生，不只是“生”或“生生”，而是“生命”与“生活”。“命”是规定，可以说是外在的存在条件，而“活”则是内在发生的生命力量，使生命存在体能够活泼生动，与外在环境互换能量。

中国早期的先贤，在中国文明农业化的前期，对此生命的现象与生活的环境已有充分的观察和经验。因此，得出了一个生生不已的宇宙观与生命观。至于观察的细节，包含对乾坤的活动的感受与对生命变化的体验，都进行了一个生生的理解，产生了以后所说的阴阳五行之说。阴阳五行是用来解释生命变化与宇宙存在一个从感性到理性的概念说明，具有整体性、分解性与整合性以及由语言表达的诠释性，也就是从一个概念和语言的观点，来描述一个长期观察经验与体验的世界整体形象与变化。这就是中国早期的形上学，后来称之为“道”。“道”之自身虽不可见，但却在世界万物生命变化繁荣中透露出来，成为可见之器。器在此处也理解为万物个别的存在，此一个别的存在都具有显现道的变化与存在的作用，此即为器或器用。由于观察宇宙存在的状态，包含可见或不可见之水气、雾气、云气等，甚至于也包含我们的呼吸之气——空气。因此，“气”这一概念也就逐渐形成，为道的变化状态，用来说明宇宙所具有的实体性与规则性，而不只是其发展的变化性或目标性。至于生命之动力，则是从事物之动态状态感受出来，更是从人自身生命内外在的体验（包含生活的体验）反思而来。

究其根本，此一动力被看成整体宇宙，包含万物与人在内所依持的原始动力，可称之为原始存在的创造力。中国人这一体验，是自然的，并无特殊的外在环境引起，可以解释何以没有引申为超越的上帝或神祇。即使在早期的神话中，也找不到西方上帝形象的影子。《易经》与儒道的经典，所提到的天具有创造力，被视为终极的创造，却从未被完全人化或人格化。因为中国历史早期的生命经验，是就宇宙的现象与人的反思而立论的，即使后来董仲舒有天人感应之说，以天为超越的神，但这只是后期的思想，并非原有的自然认识。从广泛的古代经典中可以看到自然此一概念的作用，它是一种体验，一种经验，一种观察，是物之所自，物之所归，以及物之发展变化过程。在这一基础上形成的形上学或本体论，自然是和亚里士多德的实体论不一样的。说它为本体的，意思是基于客观的观察，自然有其本源与发展。而人的观察与体验，也有其自然的根源与发展，可称之为主体性的发展，体现人的理性与智慧。主体与客观自然合而为一的存在体，可称之为“本体”。“本体”一词是建筑在中国哲学天人合一的经验与体验之上，既然涉及客体自然与主体自我，乃具有其自身的结构，需要我们去进行分析与理解。因此，也必须得到意义的诠释，此即本书所特别关注的问题。由于本体所代表的主客同一性，可以是经验和体验，但也可以是一种理论的规范，有如亚里士多德所说的实体一样，是形式与质料所形成的概念统一体。然后从经验观察与理论建造两方面结合，赋予它以目的性与根源性。在本体方面，根源性是人最根本的经验与体验。中国哲学从开始强调本，可见一斑。孔子说“君子务本，本立而道生”(《论语•学而》)，本产生了道，而道作为一个动态发展的过程，产生了体。此即本体最清楚的含义所在。我在本书中所做的探讨，也指出本体是《易经》经文和《易传》中的基本概念。本与体并未连用，但从本立道生体存的过程来说，本体一词在《易传》中，可说是呼之欲出。甚至在《易经》经文中，乾卦卦辞提到的“元亨利贞”也非常清楚地展现了从本到体持续存在的生动的形象。后来的文本应用“本体”一词，可追溯到西汉京房与东汉荀爽，以荀爽的表露最为生动，保存了《易传》与孔子的“本—道—体”的意义揭露。我在本书中提出实体形上学或存在论与本体形上学或存在论的差别，就可以从亚里士多德的实体主义与易学的或儒道学的本体主义对比显露出来。这将是在书中讨论中西相互诠释的重点所在。

鸦片战争之后，西学东来，把中国传统思想中的概念赋予了西方思想中的含义，其重要理念被西方的概念掩盖、取代或消除，反以西方为基础或标准。这是一种偷天换日，也许在无意识中形成。其中更消除了中国哲学原有的本体论和宇宙论思想。可以指出，中国采用日本人在 19 世纪用中文翻译西方的各种专业名词，完全没有考虑到日本人就没有一个完整的哲学传统，所以他们并不警觉，在文字与意义上，中西概念的基本或细致差异。中国学者更是不察，就直接拿来应用，完全没有经过一个审视批判的历程。这一点我觉得非常遗憾，因为它产生了到今天仍然磨洗不掉的遗毒。用本体论一词翻译西方的“存在论”（ontology），并以西方含义为主，无疑消除了中国哲学中的本体概念。而本体的直觉理解，不加审视就变成基本存在的含义，而忘记其本身所具有的本立道生体存的原始含义。迄今中国哲学学者仍然不能对此有所自觉，也不看重经典的含义，仍然以西方的存在论来表达中国的本体论，是对中国原始本体概念的削减。我多年来一再呼吁恢复此一中国的本体概念，倡导本体诠释，当然并非因为此故，而是由本体更深的含义，来发挥诠释学的重要内涵。由于中国学者不重视中国本有的本体思想，因此对诠释的理解也难以找到中国的根源，自然也就不看重我说的本体诠释此一概念，而仍然以对经典历史的理解来理解诠释。这也就无法显现中国诠释学的根源精神与发展力度，而不得不追随西方诠释学的潮流，无法发挥诠释的创造精神，这也可以说是第二个不幸，是由对本体无解或误解的第一个不幸引起。

这里必须要指出，中国人近代丧失了本体的意识，对本体典籍的出处也不甚理解，对易学的开始与发展更是恍惚模糊。因此对中国哲学的开始也没有一个清楚的认识。由于本体的意识被遗忘，西方存在论输入中国，就用中文的本体论来代表，这可以说是张冠李戴，不着边际。以“本体论”一词翻译西方的“存在论”(ontology)，可能是日本学者在18世纪翻译的结果，也可能是17世纪西方传教士所翻译。显然都是对中国本体论没有深刻与正确的理解，因此把本体论附会在存在论上。我在多年来一直反对这个翻译，而陈康先生在20世纪40年代也提出了意见。此处我用本体论的概念，不用存在论的概念，但是本体包含存在，所以我把它写成“本体存在论”，以显示本体与存在论的关系。事实上，西方的存在论的原意更接近亚里士多德的实体论，所以是一种实体存在论。但所谓的实体，不涉及其发生的起点，也不包含发展过程的意涵。因此，实体存在论与本体存在论的差别是：前者是静态的存在，后者是动态的发展的存在。

不能不再指出，在本体概念之外，中文的“上帝”一词也为西方基督教神的概念所取代。16世纪天主教的利玛窦等传教士来华传播天主教。利玛窦写的《天主实义》一书中，用汉字“上帝”来讲西方天主教对天主的信仰，把中国的上帝转化为天主教的上帝。其实中国《尚书》和《诗经》所表达的对天的信仰，并未把天描述为人的形象，自然也不会以人的形象为天的形象。中国的上帝是更为抽象的存在，是天道与天命的载体而已。《诗经》说“维天之命，于穆不已”，但即使此一天命，也不是明显地表露为人格神的行动，而是透过“文王之德之纯”来显示的。从此中推演或隐示出来的上帝，是一种宇宙的生命创造力，具有关怀人民与生物的德性，而非超越存在的个体存在。孔子说“天何言哉？四时行焉，百物生焉，天何言哉”(《论语·阳货》)，老子说“万物作焉而不为始，生而不有，为而不恃，功成而弗居”(《道德经》)，都在表明天和天道并非一个具有人格的造物主，与基督教的上帝全然有别。也许西方神学家就其三位一体的理论，来论说中国之天，更接近圣灵此一范畴。这也表明中国的天不需要经过圣父圣子这一人格化的过程，直接实现为自然。天即自然，自然即天。因此，天与天地为一，天也与天地人为一。人是天地的自然所生，而非一个人格神的天所造。在儒道的经典中，天与天道的概念甚至可以分开来看。天有天道，而天道对人的重要性更是直接，因为天道是自然之道，是人与万物生命之所在。如何认知此一天道，并顺应、遵从与发展此一天道，是儒道哲学所强调的重点所在。依此而产生了道家的养生术与儒家的道德修养论。西方传教士们并不了解中国的宗教、伦理与哲学文化，借用了“上帝”这两个字来诠释西方终极概念上帝（God），又反过来以为中国的天即西方的上帝。因此，中国人应该接受西方的基督教，达到传道的目的。这一内在的转化，所产生的实际效果也是可观的，这都是诠释学必须关注的问题。本体诠释学从本体的根源上诠释存在，与西方用上帝诠释一切存在，是极为不同的。基督新教以《新约》作为标准，以希腊文 Dei 为形象，所表达的神和中文意义上的“神”含义也不一样。中文并没有把“神”变成一个单一独立的人格存在，在其原义上所表达的是一种精神或一种精神的力量。我们说神乎其神，是一个动词，是指一种变化不测的力量。孟子说“大而化之之谓圣，圣而不可知之之谓神”。可以涵括未来，具有生物的普遍性以及自然的生命性，并无超越的性格。而基督教的上帝则是一个独一无二的超越体。[1]

西方人翻译中国的文字时面临着两个问题。第一

1 我有一种观点，认为中文的抽象字眼，往往是一种形容词或者动词的用法，很少把它变成名词。即使要变成名词用法，也是在动词和形容词的基础上面名词化，最后要回到此一基础上。例如，红，就是红的，虽然变成了一个名词，但它是一个形容词。说它是形容词，是说看到了这个现象，有知觉作为基础。从知识论而言，就是对我们知觉上看到的东西的描述。但是，我们却不会立刻说红就是一个对象。当我们要谈论红的对象时，就会谈论红所依持的实在的体。体，也就会引向经验的本。所以，中文的颜色词必须寄托在花、草、树木这些方面，而不能离开这些东西来谈论红作为一个名词。但在柏拉图主义看来，红，就是一个理念对象。西方的这个习惯，可能就是从希腊人和犹太人开始的，即由名词化而对象化而后超越化。假设上帝是实感，对象化和超越化的上帝就成为遥不可及的抽象存在。

我的另外一个看法，认为希腊神话中各种不同的神实际上都代表了各种功能。例如，能够帮助万物生长的神，生长之神，雨神；美的标准，就是一个美的对象，维纳斯。希腊神话中的那些大神多是这样的。天地间各种大的现象都有一个神，雷神、电神等等。虽然中国也有这些神，但却不会把它们变成一套神话，并编织神与神之间的关系。这就是先名词化、对象化，然后来（转下页）

个问题是如何用中文表达西方的概念，选择上帝一词表达西方宗教的上帝，并把西方上帝的理论作为中国人必须接受的真理或信仰。这是我说的偷天换日的结果。由于传教士的翻译，使中国原有的形上学字眼逐渐失去其原意，而变成西方概念强加中国思想的一个管道，甚至也未能深思与批判，寻求其实际的根源意义。目前哲学诠释学强调原意的不重要，文本的含义可以应后人而发掘新意。此一见解，可以适用于同一个传统的意义解释。但就中西文化哲学形上学的字眼的转化，却代表了一种有意识的或有目标的取代，是和当前不强调原意的要求相违反的。因此我们必须提出一个原则，就是在文化沟通中，原意应该加以保存，由原作者就其历史来加以发挥，这可以说是中国哲学何以需要重建的主要原因。就此而言，第二个问

（接上页）说明它们的功能。中国却是尽量使之成为一个现象，而不会把现象背后的东西人化、名词化和对象化；至多将其看作一种自然的力量，例如五行和阴阳。这是中西思维在根本上不一样的地方。中国人是全面地看待世界。每一个现象都在变化，变化的主体不是从单一的现象来决定的，而是全面地看。也就是，全面的现象背后有一个全面的发展运动。甚至是运动的不断发展才实现成具体的世界。这就是我所提出的太极创化论的理由。

题是西方人如何重新翻译中国哲学的名词问题，对中国学者而言，这就要求做出根本性的哲学探讨，而不是只是依循历史的注疏，不追求原始经验体现的原始意义。此一原始意义是在经典的原文中可以发现的。（注：当代中国学者对这些字眼的了解，往往失去其原意。举例来说，李泽厚所讲的本体论，事实上就是西方的概念，等同于事物本质的存在而非基于本而产生体的动态存在。中国的本体概念是建筑在对自然整体的理解之上，所以才有一个本的概念。本是根源，发展为整体性存在，形成宇宙的整体变化。本体不等于存在，存在也不等于本体，存在在亚里士多德哲学中是实体本质的存在而非由本到体的存在，未能强调本体内在的丰富性、动态性和变化性。）

实体概念和本体概念
之间的差异与关联

从亚里士多德来看，生命的存在体有一种内在的动力。其动力来源于不动之动者。所以，它本质上是一个外在动力，被注入生命体中。生命体的形式也是外在的，是能够决定生命体本质的理念。而质料是已经被给予的，亚里士多德并没有说出质料的根源。因为希腊人没有“无”的概念。唯一内在于物的是其目的性或其能够成就的善。最终的目的性可以有两个维度的解释，一个是内在的目的性，生命体要完成他自己；一个是在中世纪实体的目的性由上帝给予，因此是外在超越的。人必须以此一目的为其信仰。总之，在亚里士多德的四因说中的，除了目的性中的内在目的性外，其他三个因素都是外在的。从中国本体存在论来看，本是自然生命形成的动力与根源。它是气质的存在，是可以观测的自然之物。《易传》说“精气为物，游魂为变”。“精气”是气之精华，气则是可观察的云气和水气等等，泛指变化的物体，属于物的一种状态，而物也并非物自身。但在《易传》中，物具有原初之气，是原始的生命创造力所产生的。这就是太极生阴阳两气的认识。在西方，18 世纪以来，物被定义为自然元素，是基本自然元素的单一或合成物，称之为化学元素，共有 118 种基本元素，其中 94 种为自然元素，而其他则为人工合成的元素。其存在的方式是原子为基础，形成分子，然后形成物体。所谓气，只是基本元素存在的一个方式而已。但在中国传统中，气并不看成是基本元素，而是一个整体变动、不定其形态的存在体，似乎更具有量子论所说的波动状态，而非粒子状态。抽象地说，气就是一种波动，是自然存在实体显现出来的一种波动，可以有静有动、有刚有柔、有阴有阳，因之是一个形上学的存在，不能完全看成物质的存在体。尤其在中国哲学中提到的元气，更可看成是一种原始的创造力或创造能，不能作为物来看待。再者，气与生命有密切的关系。生命皆有气，人的生命也是依靠气的运动而体现的。因此它可以看成是生命的原质。有此原质，我们才能谈人之心性，以及自然的天地变化。人之心性可以发展为人的精神，正如自然的元气可以展现为不同形态的自然现象。如此理解，本体的存在实际上就是气的存在，有其元气的泉源，也有元气的动力与创造力。

气的存在可以和中国哲学中的有无概念联系起来，生命的存在是有的存在，但生命的消失就是无的表现。但什么是有无呢？此处我们可以把有无看成是彼此界定的概念，而不是独立的决定性的存在体的概念。所谓无，可以看成是元气发生之前的状态，但一旦有了元气，无就成为有。有也可以因失掉元气而成为无，因此老子说“有无相生”，甚至于说“无能生有”。有无是以生的关系作为枢纽的，凡是有的性质，无不具有。无的性质，有不具有。说到无不具有有的性质，在语义上表达了有中有无，无中有有的微妙关系。在这个意义上，有无的关系，也就成为阴阳的关系的根源。只是从无到有，必须显示一个创造发展的过程，而有无并存，则显示一个整体存在的状态，名之为太极。周敦颐说“无极而太极”，并不强调无极生太极，或太极生无极，所表达的应该是有无相生，无中有有，有中有无这样一个创造性的辩证关系。朱熹解释无极为无穷，可说未能见到有无之间的内在关系，也就是终极根源性的关系。终极的根源性之为创造性，其创造的机能就在于有无相生这一个潜在的命题之中。本体的存在在终极的意义上，就是有无相生的存在。有无统一而又分化，分化而又统一，形成了一个庄子所说的“道之枢纽”。本体的存在，具有根源性，表示本体存在之物能够变化，能够持续发展，能够生生不已。这是一个内在存在的机理。《易传》说“一阴一阳之谓道”，道可以是一种潜在的力，那即是阴，如果潜力变成实力，那即是阳。从潜在到实在的过程中，潜在之力永远是实在的源泉，不断地形成实在。而且即使潜力达到了某种实在，其作为潜力并不必消失。潜力分为两种：一种是存在体自身发展的潜力。由于生命体机能有限，到一定时间就消亡了。但就本体存在的整体性来说，则存在一种无限的潜力。此一无限的潜力使生命不断成为可能，也就是具有再生的能力，是一种生生的潜力。有限的潜力是外在性决定的，而无限的潜力则是内外性共同决定的，是一个理想的内外超越统一状态。

基于以上观点，我从希腊实体哲学分析中找到本体哲学的基本模式与实体哲学的差异。差异在本体哲学是基于中国《易经》哲学的生命宇宙观，而且具有对此一宇宙观的实际变化规律的认识。参照亚里士多德的四因说，本体存在论的宇宙论可以刻画为五因说。一阴一阳是相互配合的元气组成，其根源是宇宙发生的元气创造力。因此，对个体的存在而言，物质的形式和质料中的形式是可以看见的，形式是阳，质料就是阴；动力是阳，潜力是阴。这就是两阴两阳。就本体宇宙论而言，一阴一阳中的阴和阳再变化出一阴一阳，不断地发展变化。但这些变化后面有一个推动的作用，那就是元力、元气。因此，通过我们对本体的理解，可以将亚里士多德的外在四因说调整成本体存在论的内在五因说，一个内在的生命发展过程。这就是把实体论转化为本体论了。

如果问：为什么西方哲学的发展表现为一种实体论，而中国哲学的发展表现为一种本体论？我们分析这个问题，就能得出有关的结论。当然这必须假设我们对西方实体哲学的发展与中国本体哲学的发展有一个深刻的认识，这就是本书所要探索的主题。这是一个开创性的工作，涉及中西文化发展的差异。我探索的目的不但在理解中西文化与哲学中的差异，并要从此一理解中建立一个中西沟通的诠释之道，以及发展一个具有未来性的世界哲学或形上学，为人类实际的生活与行为方式奠定融合与和谐的基础。

回到亚里士多德的实体哲学，他的实体哲学作为一种外在主义，强调观察世界，关注具体事物的存在。这导向了一个比较明确的天文观，在公元1世纪左右，产生了托勒密系统。最早的西方科学是对宇宙的观察，形成一种固定持续的宇宙论。虽然亚里士多德并没有完全沿着柏拉图主义、理念论和二元主义的路向发展自己的学说。但是他也意识到对一个不变宇宙模型的需要，而不重视变化的作用，也不重视从变化中产生出来的宇宙中的创发性和不定性。回顾更早的前柏拉图时代，希腊已经有永恒存在不变论的巴门尼德（Parmenides of Elea，约前 515—约前 445）与变动不居论的赫拉克利特的对立。对两者的调和就形成了柏拉图的存在二元主义。从当代分析哲学、逻辑哲学和科学哲学的深入探讨，我也看到柏拉图哲学与亚里士多德哲学在西方哲学发展中各自扮演的角色。值得强调的是，由于犹太超越上帝宗教的影响，巴门尼德的永恒存在论成为西方哲学的主流。犹太宗教导向天主教与基督新教的发展，从未放弃上帝永恒存在的信仰。耶稣说“上帝归上帝，恺撒归恺撒”，从而引出来“超自然归超自然，现实归现实”。现实是以人的存在状态为标准，不能代替超越的真实。因此，亚里士多德的实体形上学也就成为永恒不变世界的一个现实模型，透过托勒密天文学的发展，体现自然界不变的运动规律，被看成是上帝或不动之动者所决定的。

西方哲学认识到变化只是表象或现象，往往加以忽视或被想象为潜在的定律或知识。这就与中国的传统不一样。伏羲观天察地，认识自然宇宙之变，创造一个符号系统来说明变与不变的关系，尤其说明变化的机制为何。在可变的过程中说明宇宙自然与社会人文的内在秩序。这个对变的深刻认识，在赫拉克利特也不存在。他说的变只是一种不能成就任何价值的变，是一种奋斗（struggle），用火来代表，而最后趋向毁灭一切。也许由于他对变的原初认识十分悲观，所以才导向较晚的巴门尼德主张永恒不变的真实学说。巴门尼德更透过逻辑与数学的思考，发展了抽象的数学理性，说明几何图形存在的不变性质。柏拉图接受此一主张，在他的存在论《巴门尼德篇》和宇宙论《蒂迈欧篇》中就强调数学的元素，并用数学来说明世界的组成，这是一种外在性的超越。近代的哥德尔不完全性定理（incompleteness theorem），也看到数的客观存在，只是一个不完全的存在，但却是超越性的存在。哥德尔定理说明自然数系统可以一致，但不可能完全化。此一认识，可以导向更抽象的数的存在，是西方哲学走向超越性的逻辑的见证，必须从上帝的超越眼光来认识世界。

从根源上说，托勒密系统可以追溯到巴门尼德，以不变为真实。而此一真实就是现象中的存在体之间的律则关系。由于亚里士多德的实体存在论来自于柏拉图的二元存在论，其中也包含了巴门尼德因素，导向托勒密系统不足为奇。就托勒密系统本身而言，却有其内在的局限性，不能在经验层次获得观察的支持。其中涉及各个行星的逆行问题，对此无法加以合理的解释，只有托之于所谓“表轮现象”（epicycles）。此一系统经过一千多年，在15世纪，产生了“哥白尼革命”（Copernican revolution）。这是由波兰数学家哥白尼（Nicolaus Copernicus，1473—1543）发起的，他指出天地的运行不是以地球为中心，而是以太阳为中心。地球或其他行星绕行太阳，地球的运动引起我们对行星潜行或逆行的观察。因此不需要任何涉及“表轮现象”的解释。这些主张都记录在他晚年写的《天体运行论》（拉丁文：*De revolutionibus orbium coelestium*，1543）一书中。哥白尼如何建立此一天文学说，其根据何在？显然他基于长期的观察，进行观察质料的数学分析，得出太阳比地球要宏大 165 倍，做出了太阳为中心的天文学理论。另有一说，哥白尼认为上帝应该是以太阳为中心，因为太阳远比地球宏大。我们也可以想象，哥白尼从一个太阳为中心的假设，来理解天文观察的现象，反而解决了很多实际观测的问题。因此，哥白尼的太阳中心说具有经验与理性的双重基础，不是任意得来的结论。后来伽利略又用望远镜观测天体，证实了哥白尼的假设，使日心说成为定论，导向牛顿的物理学，为西方的物理科学以及亚里士多德实体哲学奠定了广泛的背景基础。实体的宇宙亦即物理科学的宇宙，并未掌握生命发展的本质，而是以上帝的神学作为主体性的基础。因此并未发展我所说的本体哲学，因为本体的概念并没在西方建立起来。亚里士多德的实体在欧洲近代科学体系中成为物理化学的背景知识，而西方天文学、物理学与化学的发展则为实体哲学提供了一个更精致细密的构成理论。相对于上帝的主体性是纯然客观的，也并不涉及人的心性智力的发展，因此与人的主体性没有特殊关系，却导向了一个机械论的物质科学，在人文和科学之间造成极大的割裂。在此一机械论的物质科学导引之下，动植物都被看成是自然的实体。对生命的内在性和生命活力缺少充分的体验。人的存在也就成为物质加上灵魂的合成，而灵魂则属于上帝的赐予。

严格地说，西方哲学对生命的重视是在达尔文进化论之后，一直到20世纪的柏格森（Henri Bergson，1859—1941）才正式提出生命性的存在，他以时间性与内在的活力来说明生命。但对人的内在性却未能探索，这要到海德格尔（Martin Heidegger，1889—1976）才正式提出。他1927年出版的《存在与时间》突出了人存在的隐蔽性，包含人的存在情绪与面对死亡的恐惧。但对于人生命的主体性，却未能有所发挥。他在书中最后强调人的生命需要自作决定，突破困扰来开辟新道路，并以此尝试建立新的形上学，所谓人的存在的形上学，以取代西方传统中的实体形上学。这一个非常重要的发展，却因为他无法获得对中国道家之道的深切体会而陷入困境，最后他也只好回归西方宗教的上帝，以上帝的恩惠来说明人的生命的独特性。从这些发展来看，海德格尔也可以说并未建立真正的人的主体性。同时也未能跳跃上帝与人存在的基本关系，建立一个统一的本体哲学。此一本体哲学的建设，显然仍然必须回到中国哲学的传统。从其根源上来掌握人与天或自然宇宙之间的深层内在关系，说明人的创造力之来源，也从人的创造力以及人对世界的观察力，认识到天地自然宇宙所内涵的创造力。在中国哲学中，名之为道，为太极，为本源。

科学化的实体主义到20世纪，由于观察自然的现象，产生了第二次科学革命，建立了相对论与量子力学，并在此一基础上发展了一系列的宇宙论观点。此一发展，仍然是在实体主义的实在论基础上进行，其目的在解释一切存在的现象，包含生命现象。迄今生命现象也都从物理化学的知识分析中进行理解，也可以说是透过一个细密精致的实体主义来理解生命现象，甚至于人的内在功能与内在超越功能。当代的分析哲学就是最好的一个例子，蒯因把心灵现象看成是“非正常的一元论”（anomalous monism）所引起，其含义乃是承认或假设一个正常的二元论，即心物对立，天人为二的二元论。但他又无法解释两者之关系，给出人对宇宙存在与自我存在的本体诠释。因为他并无此一本体的形上学概念，但我认为他已经更接近本体一元论的宇宙观，只是他假设的是人的本体存在最后必须消解为物质性的存在，而中国的本体存在则把物质宇宙与人的存在看作一个整体的结构，具有生命的活力与突出的创造力。也许，只有西方的怀特海过程哲学才更为接近。

西方近代的形上学透过科学，以实体主义的精神，催生了现代哲学的产生。首先笛卡儿提出两个实体论，一是心灵实体，一是物质实体。莱布尼茨建立单子论（Monadology）企图解决两个实体之间的对立。但单子的存在，仍然是心物对立的。斯宾诺莎建立一个整体的实体，来包含所有的精神和物质现象，是以万能的上帝实体为假设的。三人之中莱布尼茨的哲学最为接近本体哲学，因为他的单子，可以说是存在的质与能合成的，质不变而能却能变化，形成一个不变中有变的存在可能。再者，上帝作为最终的单子，包含了所有单子，而所有单子又反映了上帝单子的存在。莱布尼茨认为这是一种“先天存在的和谐”（pre-established harmony），颇能让人联想到宋明理学如程朱哲学中的理气合一现象，以及理气互生的天人合一关系。事实上，莱布尼茨很可能受到朱熹的影响，因为他与当时在华的传教士白晋（Joachim Bouvet，1656—1730）通信，获得有关中国《易经》哲学的资料，甚至启发了他的二进制算法。他甚至把中国的太极看成是上帝，在以太极为基础的诠释中，太极创生一切存在体，是一个动态发展的关系，具有连续的与扩大的内在性。这与传统的西方上帝的概念完全不一样。当然，莱布尼茨也可能是以西方上帝为本义，来解释《易经》中的太极。这就涉及诠释学的立场问题，是自本体的诠释或是对本体的诠释。

莱布尼茨之后，康德对实体的问题已经抱有怀疑，他不满意人被看成物，也不满意用上帝解释一切。因此他把人放在自然宇宙之中，却承认它的超然的地位。因为它有内在的超越，也有外在的超越。所谓外在的超越，是把物质科学的实体知识，看成是内在于人的理解之中的范畴化。人的心灵具有先验的范畴，使人对物的知识符合人的内在规定，而不是指向客观的个别存在。然而他又并不完全放弃客观存在的现象，把物的存在看成为“物自体”（thing-in-itself）的存在。在另一方面，人具有自由意志，可以凭借自己的意志，来为人的道德行为立下普遍必然的规律。虽然康德仍然无法逃避被批评为存在的二元主义，即实体物质现象的存在与人的主体的自由意志的存在。但他也可以被说为或诠释为企图统一自然律与道德律为一体。然而在物质世界，真实与现象仍然是二元的分离，而人的道德存在则独立于物质世界之外，不能完全落实在经验之中，因此它的二元统一为本体存在的统一性，仍然是一个问号。有一点必须强调，康德把人看成是主体的存在，把现象看成是物质的存在。在人成为主体存在这一点上，也可能是受到儒家强调独立心性为道德行为基础的影响。此点也就是对人的“主体性的独立性”（autonomy of self）的影响，此一影响的可能性是很大的，因为康德哲学是在启蒙时代发生，而启蒙时代的西方哲学家大致都受到中国儒家的影响，除莱布尼茨外，还有法国的伏尔泰（Voltaire，1694—1778）、狄德罗（Denis Diderot，1713—1784），以及英国的洛克（John Locke，1632—1704）、休谟（David Hume，1711—1776）等。在中国儒学普遍的影响下，西方哲学家开始普遍重视人的内在性的存在，兴起了新的知识论、伦理学与社会学，甚至神学思想。总的来说，实体主义在启蒙时代有重大的转变，从人的外在的存在，更重视人的内在的存在，以及内在性的心性知能活动，可以看成是向中国本体哲学的靠近。但是由于西方对宇宙存在的根本问题执着在西方神学中的上帝概念中，未能开放为一个动态的宇宙论的创造力的认识。因此，在人的修持上，仍然以宗教为主，而未能思考人的主动性的自我修持与自我约制。反而更强调外在性的规范与制约，在法律制度上特别用心，甚至于忽视道德律的修持与人格的道德修养，形成西方强化的法制主义。这是与中国哲学中强调德性修持，德性治国的精神很不一样的地方。

康德希望重建形上学，并写了《未来形而上学导论》一书。他尝试为形上学找到一个根源，然而他的物自身的说法，是无法提供这样的根源的。因为人们并不知道物自身为何物，只能想象而不能体验与观察。未来的形上学显然需要一个本体存在的概念，是人可以直接经验与体验的。这也是需要从人的反思中取得。牟宗三试图另辟蹊径，认为物自身应该诠释为中国哲学中的本性、本心、心体和性体等概念，显然这是对本体哲学的认同与肯定。然而牟宗三没有强调本源的客观性，如《易经》哲学从观察与经验所认识的观点。因此，我们不能把康德或牟宗三所说的物自身等同于中国易学中的本体。这将是一种范畴的混淆，因为本体存在论的本体具有宇宙论的经验根源，也有人的本体存在的体验根源，而非物本身的概念能够涵盖。尤其面对以内在超越性与外在超越性的统一性为本体性的认识上，是无法接受的。此一统一性必须由分析与综合两方面的作用形成，并非单纯的直观或直觉。牟宗三提到直觉物自身的问题，但却未能显示宇宙论的根源认识。本体存在论包含人的存在及自然的存在，也包含人对宇宙生人的认识，以及人能认识宇宙自然发生的认识，最后并涉及“天地生人，人能弘道”这样一个相互诠释的概念。有此概念，才能更好地说明人的本体是可以从理性认知到实践认同这一创造过程的重要性。同时也才能更好地认识基于本体发展的诠释与理解，以及在此一理解中人与宇宙的关联。牟宗三借助佛学来说明实体是不能执着的，而必须要从一个无执的态度来认识存在。这是很好的一个观点，但这却必须先行假设一个本体的观点，因为从实体来说，人是无法离开其实体的需要，来进行超越的思考的，而必须回归到一个本体的观点，来开发其内在性与外在性的关联，以及两者相互超越及相互统一的创造性关系。此一关系可称之为自然本体宇宙与自我道德宇宙的统一本体整体宇宙。

总结对西方哲学和实体哲学的发展，我不仅从康德哲学来进行了回应，还从亚里士多德，以及亚里士多德之前的巴门尼德和赫拉克利特来进行了审视。我的这个梳理和回应，以实体哲学的外在发展为切入点，提出本体存在论与本体存在论为根源性的与世界性的存在整体，开辟了新的途径。批评康德之后，牟宗三已经无法继续讲下去了。他无法去了解为什么西方哲学后来会产生海德格尔这样的哲学；对于我的本体存在论来讲，我认为这是非常清楚的了。在康德之后的黑格尔发展了一种逻辑的观点，但他也是一种实体主义，即如何来解决康德遗留下来的物自身问题。黑格尔强调了绝对主体性。绝对主体性和所谓的客体性对立起来。费希特（Johann Fichte，1762—1814）提出了“我”（Ich，I）的问题。“我”的存在是反思的存在，通过我的存在来掌握关于存在的概念，然后来包含一切并建立自我。费希特从道德的我，为道德立法，再到为天地立法。费希特思想的意义是很崇高的，有孟子的气概，所谓“万物皆备于我”。可是，这样一个“我”怎么与世界联系起来就成为一个问题。这个问题留给了谢林（Friedrich Schelling，1775—1854）。谢林与黑格尔及荷尔德林（Johann Hölderlin，1770—1843）是同学，在杜宾根大学时代同住一室。[1]谢林从美学的感觉与世界交换和互动中逐渐体会出一个精神的自我。这一思想给了黑格尔莫大的鼓励，导致黑格尔在1806年写成《精神现象学》和《逻辑科学》（*Science of Logic*）两书，后来扩大成为《哲学科学百科全书》。对于黑格尔，我进行了一个深入的探讨，对他有较深的理解。黑格尔提出了辩证法的思想，认识到人的自我经验与体验，形成一个正、反、合的方式，展现为政治、文化、艺术和宗教的秩序；并从费希特的自我中，认识到心灵与精神（spirit），发展出所谓“绝对精神”（absolute spirit）。

黑格尔的绝对精神哲学，其基本特性仍是主体

1 我去德国讲学的时候就看见了他们一起住的地方。希腊，我身临其境；德国、以色列也是身临其境。我对这些哲学家的思想有实感。我想重写西方哲学史，一个原因就是我有实感。

性。我要强调的是，从中国的本体存在论来看，主体不是本体。本体包含了自然的客体，也包含了自我的主体。在客体中天地生人，而人的发生有其内在的独立性，体现为自觉的自我存在，既属于宇宙，又超越宇宙，形成天人合一的统一。本体的存在并未遗忘世界，是为主体的自我肯定的自然宇宙世界，而且是一个不断创新的发展中的真实世界。同样，人的发生也是生生不息的，与宇宙的关系也是永远保持，形成一个不断发展中的天人合一的本体世界。这可能是黑格尔未能面对的，即面对一个不断发展中的天人合一的本体世界，而不必看成是绝对精神的主体。黑格尔的辩证法统合正反两面，形成绝对精神，似乎消除了客体与主体的持续互动，这等于《易传》中的太极。作为太极，已无法展现为乾坤两个互动的创造力。因此，在理论上，绝对精神反而成为宇宙的终结，而不能展现宇宙随时更新的原创力。认识客体是科学知识的源泉，此一源泉从经验上看，是无穷尽的。因此即使从客体而言，客体性也是不断更新的，要随时与变化中的主体性建立互动互补的开放关系。此处看出，本体形上学可以包含正反合的发展，但却不预设一个封闭的体系。

比较西方的形上学以及黑格尔的主体哲学，中国的本体哲学有其自身独立的精神，是一种生命主义和内在主义。它也是一种变化，突显自我创造与自我认知，并与客观科学的知识相互贯通与结合。西方哲学另有两个困境。其一，海德格尔思想中的人的自觉存在，不能离开客观世界实现其本体的存在，往往陷入虚无主义；他在后期回归到上帝的存在，又接近传统的二元主义。其二，目前科学主义消除了一切有价值的内在特性，使之外在技术化。在此等情况下，中国的本体哲学不但沟通主体与客体，消解了两者之间的矛盾，也说明了自我认知与宇宙认知相互促进的整体性。因此，我们可以说中国本体哲学最具有世界性，在近代面对中西对立，发挥了三个重要功能：一是调节西方哲学主客二分的矛盾；二是把矛盾转化为整体与互动，形成一个相互理解的诠释圆环，提供了世界哲学发展的方向，使人类走向更安稳更和谐的世界；三是引导中国文化的发展方向，在理解西方问题的基础上，发挥宇宙智慧，为人类解决实际的生活问题。

本体哲学的观点是根源主义的、整体论的、内在主义的、生命论的、道德哲学的。如此，第一序的自然现象，或是第二序的文化文本，我们都有一个可循的理解方法。这就诉之于诠释学在本体哲学中的发展，这也就是本书所探讨的主题所在。从本体存在论到本体诠释学，不但厘清了本体的概念，而且说明本体与诠释之间的辩证关系。在此基础上，为开展本体诠释学重新认识世界真实与历史真实以及人的真实的新理解，提供了一个基本起点与范型的建设。

本体基本意义的说明

由于“本体”的概念是本书的中心概念，我在此拟为“本体”一词做出基本的定义与解说，并就其特征论述本体存在论、知识论与伦理学及价值哲学的本体存在论基础。下面就五个方面来说明“本体”的概念：

1. 本体是一个实体的存在，有其内在性与外在性，内外有别但又相互统一，而具有具体性与特殊性。生命体就是本体最好的说明，生命体有内有外，有其内在的活力，也有外在性的功能与外在的世界进行互动。

2. 本体有一个根源，从一个根源的本发展成内外合一的体。从本到体的发展，是一个创造性的过程，形成内外有别而又统一的整体存在。本体有终极性的根源，也有具体存在发生的根源，但任何根源都指向一个终极的根源。使终极的根源转化无为有，突出了本的自发创造力，也显示了本的无尽创造力，使实体的存在可以绵延持续、生生不已。

3. 本体和环境的互动是本体的内在性与外在世界的互动。本体的外在性就是它与外在世界互动的功能。内在性的发展有赖于外在性的活动，而外在性的活动则在维护内在性的持续与创造活动。两者循环影响，使本体的生命发生相应的变化，在一定的周期与规则下，此一变化有其自然的律动性与时间性，显示为生命的生老病死各种现象的发生。

4. 本体所蕴含的发展潜力，来自于终极的本，但却形成不同形态与阶段的发展原因与基础。本体的发展就人而言，在实现个体的人的潜能，达到一个自我认同的规范性的形态与目标。必须指出的是，内在性有内在性的创造价值与价值理想的功能，使人的存在有一个精神的提升。这是内在超越之所在。在外在性上，基于内在的情绪，其信仰的需要产生了对超越上帝的概念与追求，显现为外在超越的思想形态，肯定一个外在的另一层次的完满存在，即上帝。上帝不只具有完美的价值，而且具有拯救与提携生命本体的功能。因此，可以成为人存在的信仰的对象。人的存在可以有内在超越性，也可以有外在超越性。但并非所有的文化都必须两者兼之，甚至有可能两者兼无。因为人的生命存在可以就外在性与内在性的统一性，来建立一个自我意识，而不必有一个超越的价值意识或上帝意识。但我在此处，就人类文化实际的发展，提出了内在超越性与外在超越性两个模态的不同发展。前者在中国文化中十分突出，人的存在不只是身体的存在或心性的存在而已，更有一种对价值的创造与存在的认识。因此超越人的物质存在的层次。在西方传统，尤其在犹太宗教建立的传统，包含天主教、基督教与伊斯兰教，都肯定一个外在超越的存在，名之为神或上帝或真主。以此来提升人的存在或拯救人的存在，使其圆满。至于内在超越性与外在超越性如何统一，以及为何需要统一，我将在下文中专章讨论。

5. 本体在动态活动中，必须通过自身的潜力来克服困难，也可以通过群体的影响与参与，来形成社会存在的助力。这说明本体并不只包含个体性，也包含群体性。由于不同性质与层次的群体性，本体的发展可以创造价值，为其内在性功能的超越。就外在性而言，创造实体的存在物，并产生超越外在的信仰，是其外在性的延伸。此点说明，人的本体存在在其根源性上，就有一个统一与融通的需要。因此，内在超越性和外在超越性的统一，隐示一个更深层的内在根源性，也指向一个更开阔的理想性的统一空间。

本体诠释与理解的说明及本体诠释学的建立

以上章节说明了人的本体存在的性向内涵，此等内涵是本体认知与理解万物或创造文本、理解文本的基本资源。正因为有人的内在性、外在性、内外超越性、目的性、理想性与生命律动性，人的自我方能由此理解外在存在以及反思内在的存在，也就是人的存在的性向内涵，提供了一个理解与诠释存在的方式与基础。以此才能使理解与诠释以及认知与认同成为可能。一个本体自我对世界与他者及自我的认识，当然也可以因世界的变化以及自我的创化与经验，而重新审视已有的理解与诠释。因此，本体自我仍然可以回归它自身的内在存在范畴。基于观察与体验，进行新的诠释与理解，甚至于认知与认同。下面我就理解与诠释的六个方面，来说明何为诠释的内容，以及诠释代表的对存在形式的认识，可名之为“本体诠释学”的主体内容。本体诠释学因之是进行本体诠释与理解的学问，所谓学问，就是如何达到本体诠释与理解的目标，使人对本体存在有所认知。基于本体为我界定为客体与主体的统一，所谓本体存在的认知，也就是主体的本体自我，对客体的自然或实质存在的认知及理解。但也包含主体自身反思，对自身的认知及理解，以及主体与客体彼此相应及相连的认知及理解。所以本体诠释学必须要以对本体或自本体的理解，来认知与理解客体与主体相互的对应关系。我在他处分辨对本体与自本体的差别：对本体是主体自我来诠释或理解客体的外在存在，首先必须考虑客体自身的特性，并对此特性进行认知与理解；所谓自本体，是基于本体中的主体的范畴，来规范对客体的认识。一是以客体为主，一是以主体为主。一是服从对客体性质品质的存在经验，一是要客体服从主体的规范意识。从本体中的主体来理解一个客体的存在，而不是就客体存在的品质来理解客体。我提出下面六个命题，来表达本体诠释学思维实际活动的内涵。此六个命题可以看成是本体诠释的核心命题，其效果在实现了人类的文明，表现为四个基本传统文化模式。

本体诠释学的本体是一个动态的开放的，从一个创造的根源存在形成个体的过程。其发展涵盖了中西形上学（存在与宇宙万物）对个体存在性质规范的各个方面，但却是经过我对人的经验理解与理性认知综合及总结出来的"存在体"。此一存在体的概念保持存在的发展性、开放性、变化性与终极目标的界定性，显现为从本发展到体的基本的性向，形成了一个整体的涵括内外、主客、源流、因果与知行的本体存在论内涵，可以统一说为太极一体多元论。在人类历史中分别体现为四大文化模型：外在关系性以科学传统为代表、内在包含性及内在超越性以中国哲学为代表、外在超越性以西方神学为代表、内在超越性（以消解的方式）以印度哲学为代表。此四大模型不一定完美地包含了本体的六个核心方向与核心范畴，但却是在本体诠释的基础上显现凸出的四个类型。

有关本体存在论自觉的六个基本命题，来自于本**体存在的三个肯定**，可描述如下：

1. 本体肯定本源发展到整体性的客体存在。所谓整体性，是就“体”的存在而言，“体”一定是时空的存在，是可以为人所知觉的具体存在。

2. 本体之学，肯定存在体的根源性，名为元素或基因，具有能量与动力，是基本的构建因子，进行对本体发展的探索。作为本，本既是本又是体。有人问，是不是把本当作一个物自身？非也，因物自身是静态存在，是否为物之本或体不可知，若定为本或体，则具有四性，可认知可分析。关于本，必是体之本，正如关于体，必是本之体。本有实质，体有实相。在中文中，本体两字连用，说明本体内在动态联合。概念上已经融合在一起，本就是有体之本，体就是有本之体。例如，我们说人体、物体。人体的体，显然不是一般的体，是有根源的终极的体，也可以说是一种根源于宇宙的本体，也能发展成一个终极的体，不必离开其自然的体性。本体并非因果，但可以包含因果；本体并非现象与真相，但可以说包含现象与真相。本体具有本与体的一贯性和不隔性，统合内在的知觉认知与外在的观察认知。

3. 本体进行诠释，其目标在于说明本体是从人对宇宙和自我的深切经验中展现出来的真实存在。我们用下列六个本体诠释学的基本命题，来说明诠释的性质与作用。

A）宇宙是本体的存在，包含天地万物为一体。

B）人是本体的存在，正如宇宙天地是一个本体的存在一样，宇宙与人可以相互含摄，为人所知觉，以天地时空理气因素为基本。

C）人的本体的存在具有的开放性正如宇宙天地具有开放性一样，有其变化及其创新。

D）语言是本体存在的表征。语言作为符号系统的发生与发明，是因应人的本体自我成长表达的需要，也是沟通人际关系发展人性的需要。必须透过理解环境及主体内在结构来认同与应用，形成自我理解，以利自我存在的意识与人际的沟通。

E）人的本体的内外知识不是独立于人的活动，也非一个不需理解与不加诠释的绝对信念或理念。知识的变化永远需要不断进行分析与整合形成新的诠释。

F）针对经典或文本，必须掌握当前具体的处境，重视传统认知与时代观点的交界点，辨别异同，先存异取同，以求共通。然后扩大共通点，以消弭差异之间的矛盾性与冲突性。最后融合为一体，进而结合根源意识及发展目标，使之成为综合的整体，并寻求真实与概念的相应，从生活的应用与实践，来确立真实性及相应性。这是本体诠释学对诠释功能的基本发挥，在此一发挥中把知识（包含科技）与道德（包含人文），统合为人的存在的两个面向，并在此内在与外在的统一相应基础上，考察超越的存在与超越的价值，进行内在超越与外在超越的统一与超融。超融性是超越又包含，同时也是创造性的基本泉源与人的存在的根源性相互呼应，成为人的发展与存在实现完美的一个重要方式。

第三部分

本体诠释学作为哲学方法的展开

中国哲学中的心灵语言与他者

中国哲学在源头上以关怀人存在的内在性和外在性为出发点，而不是只着眼于对人的心灵进行外在性说明。中国哲学非常重视内在的自觉体验、认知。这些体验与认知是否有根据与基础呢？需要指出的是，在人能够使用语言的时候，人的内在心灵存在已经具有某种程度的外在性，在人与人的交往中取得语言的表述，因此具有相当程度的外在化。但此一外在化是以语言为主，而不是物质的外在化，是从自我表述来表明自身的内在经验或理解他者内在的经验。后期维特根斯坦特别关注心灵语言（mental language）的公共性问题。人与人之间的沟通是可能的，且必须基于沟通之间的理解来产生自觉的道德和社会规范。人的自我决定状态对人的外在性和客观性也非常重要。人的本体存在具有社会性和道德性。如果没有本体存在，就没有道德与社会规范的可能。本体仍然是从相对的主观经验来建立公共性语言外在性的重要基础，也就是透过彼此分享的语言来呈现一个外在的行为或指向一个外在的行为。在此，我们必须从语言的用法与实际的所指来了解内在性。人心除了内在性之外，还有一定的外在性。诠释自身就具有一定的公共性，因为它可以指向彼此可以认同的对象。但此一对象可以是具体的物象，也可以是抽象的概念。如果诠释的语言不能使对方理解，那么语言本身就存在问题。

斯特劳森（P. F. Strawson，1919—2006）在他的《个体：论描述的形而上学》（*Individuals：An Essay in Descriptive Metaphysics*，1959）一书中，讨论了心灵语言的问题。他认为人从自我自觉中产生"心灵谓词"（mental predicates）与"身体谓词"（physical predicates）之间的对应。人在感觉到快乐（pleasure，delight）时，身体就有一种相应的状态。身体谓词可以被看见与观察；心灵谓词只可以被自己感觉到。除了感觉之外，还有内在的感情、理性与意志形成的心灵谓词，由此而产生所谓人的“心灵性格”（mental character）。心灵性格是一个非常复杂的集合体。作为整体的人，我们不但能够感觉到个别的心理状态，也能感觉到整体的心灵性格，而且能够体验到一般性的相应身体状态，体验到两个状态都同时属于我们自己。这就是对统一自我（unity of self）的体验，可以称之为“身心相应学”。这应该是对生命的现象学的探索。众所周知，法国哲学家梅洛•庞蒂（Maurice Merleau-Ponty，1908—1961）的著作《知觉现象学》（*Phenomenalogy of Perception*，1945）就探讨这方面问题。此外，我们还可以探讨情感现象学、意志现象学、欲望现象学，最后总结为生命现象学。

身体与心灵的分别，在西方近代哲学中可以追溯到笛卡儿。笛卡儿的身心二元主义就已经分别物质的身体与非物质的心灵，为人的存在的基本内涵。笛卡儿之后，由于西方科学的发展，物质的身体具有自然物体的基本属性如重量、大小与形状等。这些基本属性从现代科学看，都是可以量化和计算的。但所谓心灵的属性和谓词，却不是可以量化和计算的，而且不能外在地观测，但却为一个存在的自我所体验。所谓体验，也就是内在的知觉，不同于感受外在存在的知觉。内在的知觉和体验包含了喜怒哀乐等感受，这些感受可以看成是知觉的谓词，而理性与意志的活动却可以看成是反思的谓词，代表人的存在内在的深度活动。笛卡儿把这些活动都看成新的活动，与知觉的活动具有一个整体性。从后期心理学的发展来看，知觉的感受有明显的物质对象相应。而深度心灵的感受却不一定有物质对象与之相应。至于这两者如何统一，笛卡儿继承了亚里士多德的古典心理学，假设了一个灵魂的存在。灵魂或心灵或心灵谓词如何与身体或物质谓词统一为一体，产生个别的人，就必须假设上帝的功能。笛卡儿做出这样一个假设，事实上他把这个假设当作前提来看待，用以说明心物二元一体的根源。心和物的关系也都依靠上帝的安排，知觉与知识的可能，也是上帝精心的安排所致。

在中文世界中，物质谓词与心灵谓词经过分析也是可以分开的。但一般人们并不注意到此一分辨，事实上人们更重视心物的整体性与统一性，而把这个整体性与统一性看成是自然的本体，用来说明人能够自觉他的存在，称之为自我的存在。在本体存在的自我中，已经假设身心的相互对应和相互参透，同时也与外在的世界具有一定程度的对应性。在一个整体的本体中，身心相互作用又相互渗透，不必把心理现象看成单纯的心理活动。而身体的活动作为生理的活动，也是统合心物两者的。在这里强调身心密切一致，相互参透，形成一个有机的本体存在。在此一存在的活动中，无论是身体或心灵都不能分开身体与心灵来作了解。事实上把所有的心灵活动都看成有身体因素参加，而有些心灵活动则与人的物质身体与生理状态有密切关系。因此，从生命本体的角度看，身体和心灵实际上不可以分辨为物质谓词和心灵谓词。无论是儒家或道家，尤其是中国医学的“内经”中，身心的统一存在是人存在的常道。因为它们构成一个本体，其内在的活动相互影响或构成，同时又与外在的环境条件，甚至于天地的水土气候都有一个有机的关联。在这个认识中，身心的一致，身中有心，心中有身，并不需要上帝的工作，而是在长时间中的自然表达、自然理解、自然沟通。从这个意义上讲，中医理论强调身体的不适需要心灵的调适，心灵的不适则需要身体的调护。此一整体与部分之间所构成的身心相互依存关系，共同决定了人的志行，而不必只从身体谓词或只从心灵谓词来寻求答案。中国哲学与内经的这个观点，打破了笛卡儿的身心二元主义，展示了一个以自然之气质为本的人的本体存在，也就没有西方所面临的心物如何沟通的问题。在中国哲学中的心物一元有机论认识下，内在性和外在性可以打成一片，也可以作为某种转化。但需要注意的是，这只是就近距离的外在性而言，也就是人的身心一致导向人的行为与环境的一致，同样行为与环境相互影响，也导向人的内在的身心一致的统合力。人的自我是天地中的一部分，他的行为更属于他所在的文化环境与自然环境，他的自我存在也因此是本体性的，与天地万物都有远近相关的依持作用，这是一个程度性的问题，我认为它并没有取消外在性和内在性的差别，在实际的生活当中也不必强调心灵谓词与物质谓词的个别分类。尤其在宇宙翻新变化的过程中，人的生命也是与时变化，必须面对内外的变化因素来不断保持其整体性以及其中的内外性的一致。而内在性中也有它内在的多元的和谐，而非混沌或分裂的心理状态。在这个人的存在的认识下，中国哲学发展了它的生命哲学与环境哲学，尤其是儒家，更发展了天地一体之仁的道德哲学。总言之，中国哲学中的心物问题，是从一个整体与部分的相互影响的关系中决定其物质身体、心理与心灵，来说明人的内在性与外在性在生命的基础上，都是一种功能的活动，形成一个有机统一体的存在自我。至于如何在语言中体现，此处无法详举中国语言所表现的生命有机性，以及生物一体的统一性。

中国先秦哲学如何建立心性理论，以及如何在心性理论基础上建立人我之间的公共空间，心性与身体构成一个有机的统一（organic unity）存在。在这个统一的假设前提下，我们可以理解他人之心，也推断出一个人我之际的公共认知空间，使内在性成为认知的对象，并实现人我意义与所指沟通的可能。这是一个把内在性相对地外在化的过程，所谓相对是相对于不同内在性彼此理解并能用语言表示此一理解的现象。这个相对理解的可能当然是建筑在我们已有的物质空间的基础上，由于我们的身体处于此一物质空间，而我们作为内在性的心性活动却可以透过身体行为表示出我们内在性的心性活动。一个人的物质属性和他的心灵属性有一个相应的关系，虽然我们不能直接沟通两个心灵的内在活动，但其所表达的行为却可以外在地比较，以确定其内在意义为何。这是一个类比推理，即由一个 A 的 Ma　Pa 与另一个 B 的 Mb　Pb 的关系中看到 Pa 和 Pb 如何相应，再进一步推至 Ma 与 Mb 的相应对等或相异的关系。此即 A 和 B 如何理解的一个基本模式。归纳说，我们从客观观察行为中看到相应心灵的关系，取得对他者的理解或建立一个共同的空间。（注：其实这就是 Internet 沟通意义的基本原理，Internet 用者可以把自我的内在意思投射在一个可显空间的屏幕上，他者就可以得到相应的信息。当然这也涉及符号体系可以被诠释的重要性，用者用自己的意思诠释一个符号，然后在一个公共空间中表达此一符号，其他用者阅读此一符号也就理解对方心灵中的意义。这必然假设用者之间对诠释规则的同意。）法国哲学家列维纳斯（Emmanuel Lévinas，1906—1995）提出一个不可理解的他者假设，但经过一个试错阶段，自我与他者摸索出或者磨合出一套沟通的公共空间介体，以及一套彼此可以同意的诠释原则，也就可以经过诠释来达到理解他者的可能。孟子和梁惠王对话，梁惠王说“他人有心，予忖度之”，所谓忖度，事实上就是能够诠释对方的行为或表情，把物质谓词与心灵谓词连接起来。孟子甚至推断梁惠王用羊来取代牛是因为没有见到羊，而不能够启发出同情之心。总言之，心理和物质之间的关系既是内在的，也是外在的。由于内在的诠释性和外在的语言表达性，也就是内外可以沟通，形成一个心灵世界的意义网络。这样也彰显了心灵本身的存在性质。心灵是透过身体以及身体与世界的外在关系，来表达其存在的方式，并显示其存在的内涵。孔子说“不知言，无以知人”(《论语•尧曰篇》)，认识到语言的符号表达性，而对知的体验使他确知知人之可能。不断知人，才能知物，这也都是由语言作为表现系统的功能所致。

基于以上说的外在性与内在性可以沟通的方式，我们可以推断出何以中国哲学提出天地之心的说法。《易经》复卦的彖辞曰：“复，其见天地之心乎？”人心包括情感等，透过人的心灵和身体的整体经验理解他者，建立了对他者的认识。此一认识是基于自我整合经验“知”的延伸，延伸到外在天地的现象，以及对此天地现象背后的真实的推断。天地现象是我看到的一个宇宙符号，反思我自身内在性之心，可以想象内在于天地的活动，而称之为天地之心。此一天地之心与内存的我心，透过天地现象而建立一个密切的联系，也可被假设为同一个心灵。至于天地的变化，从其内在性与根源性的推断来说，则有一个根源，即“易有太极”。人观外在世界的诸多变化，以我心度衡之，不但产生天地之心的概念，也产生生生不已的生命认识。这个推理从人的体验来看，则是一种直觉，显示了内在性的心灵语言能够向外推出。以此类推，我们可以认识到宇宙具有内在性、根源性、外在性以及目的性等。这也就达到了宇宙本体的概念。这个本体概念是从人的生命亲切的体验中推演出来，有了宇宙本体的概念，自然也就有了人的存在的本体概念。同样，我们可以建立社会的本体与个人的本体的概念。本体就是综合了人的主体性与世界的客体性，所表现出来的一个统一的概念。从形而上的需要而言，我们可以以宇宙本体为人的本体之基础，但也可以以人的本体为宇宙本体的基础，这在宋明哲学中前者是理学的取向，后者是心学的取向。

道德情感和一般情感之间的关系

我们注意到人的存在包含自然存在，但也包含人的心灵所认知的应然存在。前者是自然之理，后者是人存之理。自然之理形成自然规律，说明自然物体的运行秩序，而人存之理，说明人的社会规律与伦理秩序。人存和自然不同，在于人有自然之性，而自然之性却能表现为生命之情，而生命之情在理的基础上，形成人的意志与愿望，是人实际行动或实践的动力所在。人的存在不是静止的，正像自然的存在不是静止的。自然的动态有其自然的规律可循，而人的动态则必须诉诸他内在的生命的理性情感与意志。人在理性上必须顺从自然的规定，因此人的知识是对自然真实的反映。而人的意志则必须要求自然顺应人的价值，来实现人的理想。此一人的价值，必须合乎更深厚的本体真理。所谓本体真理，就是自然和人性统一的生命根本的存在，也是存在的内在的根源。由于此一自然与人性的分别，两者既是统一，又是可以区分的。所谓不即不离，我们可以就人的情感两面来理解人和自然的关系，这就是道德情感和一般情感的区分与合一问题。

道德情感（moral feelings）和一般情感（general feelings），在中国语言中是有分别的。道德情感就《孟子》说就是人性之四端：恻隐之心，是非之心，谦让之心，恭敬之心。一般情感则为《礼记•礼运》所说的七情“喜、怒、哀、惧、爱、恶、欲”等等。道德情感和一般情感有什么样的关系呢？道德情感可以引发喜怒哀乐，但却不可以陷入欲念之中。可见道德情感是深层人性的一部分，而一般情感则是随机而发，而不必具有道德性。从道德情感的表达，《中庸》认为具有喜怒哀乐的状态，并不把一般情感所见的恐惧、偏爱、嫉恨与欲念列入其中。《中庸》追求情感之发而中节，以达到和的境地。所谓中节，指的是正确的对象与适当的情感表达，并非所有的一般情感都能够达到这个中节的要求。在另一方面，一般情感能够导向偏倚的行为，而不能达到和的效果。这就是一般情感和道德情感的分别。在深层次的道德情感中，透露出人性之本善，而其所谓恶，则往往是因为外在的境遇导向一般的情感，再导向偏离中道的行为。但在一般情况下，情感所表现的是主观的心灵状态，不必具有道德的含义或具有道德的来源。莱布尼茨论证我们的世界是最佳可能世界（best possible）。他信仰上帝，认为上帝之至善一定保证他所创造世界的至善。这表明上帝创造世界的道德动机，而道德的感情则显然是宇宙存在的基础。因之人的行为在培植道德性的宇宙信仰，同时也坚定自我的道德本性至善的表达。而所谓七情，则显示在人的实际过程中可能面对的困境。人必须发挥他内在深处的道德性，来克服外来力量的影响，自然避免引发一般情感的伤害性和造成的道德性的失落。

1993年荆门郭店楚墓出土楚简中有《性自命出》一文，其中提到“性自命出，命自天降。道始于情，情生于性。始者近情，终者近义”。《性自命出》和《中庸》的意思相近而又有差异。《中庸》的“天命之谓性”，可能即“性自命出”和“命自天降”两句合成的意思。如此则可推断“性自命出”可能出自子思之口。然而就其全文看则发现其内容更重视“情”。

情与性相关，性的真实表露出来的就是情。此一情，可以是道德之情，也可以是一般之情。但所谓“道始于情”，实际上应该是“道始于性”。因为该文中也说“情生于性”，而所谓“始者近情”也应该是性者近情，同样表达了情由性直接而生。至于如何达到道德之情的义的境界，就必须把一般之情转化为道德之情或看为道德之情合理的延伸。在这个意义上，人的本体之性不但具有善的本质，而且具有情的发挥。但其要点是如何把情还原为性，符合天道之命即要求。我们也可以推断，一般之情只是现象的自我的表达，以现在的自我为中心，但现在的自我必须回到本体的自我，才有其原来的本性，而为一个真实的状态，即《中庸》所说的“诚者”。“诚者”是天之道，而“诚之者”则是人性实践天道。

《中庸》非常强调内在性和外在性的统一问题，尤其强调内在性的“喜怒哀乐之为中”的状态。此一未发之中就是人之性，如果表达的情感是合乎时宜的，同时也是能够达到和谐的，则可以说它是道德的。这里可以看到所谓道德，也有一个内在的标准，那就是情感造成人与人、人与环境以及人与自己的和谐状态才是道德，也就是符合天道之命。如果情感之未发处于性中的情感，实际上是一种潜在的力量，也可以说是生命的力量，本身就是善的。因此人性之发与未发，都可以有一个善的状态。而未发之善则是已发之善的动力。儒学强调人的行为动机之诚的重要性，也就在于保持中到和的一致。“中”是静态的，“和”是动态的，动静之间在于人之性能够一致地实现人性之善。从现代心理学的眼光来看，人的情感发自于性，固然道德情感代表善的价值，能够达到社会和谐的效果。但一般情感在一个社会伦理的要求下，也可能促进人与人之间的关系，间接地导向道德情感的发用。孟子所谓的修持，就是如何培植道德情感及如何转化一般情感为道德情感，或就一般情感进行教育，使其转化为道德情感或收到道德情感促进社会和谐的效果。在此我们也不能不提道德情感带来的自然愉悦，也可以像一般情感一样，具有释放生命能量的作用。总之，在生活世界中，我们不必把道德情感和一般情感决然分开，而要重视它们之间的相互转换。

上述喜怒哀乐之未发谓之“中”，事实即是性之中。此一未发之中，具有直觉性，尤其作为一般情感，更是直接对一个处境的回应。但如何处理一个处境的困难，却必须反思，把道德情感提携出来，或转化一般情感为道德情感。这是道德需要的问题，其中包含了致诚的要求。《易传》就提到“（君子）修辞立其诚”，也就是这个意思。诚的自然表现是不容已的，但由于一般情感的遮盖，则不能不经过反思来实现，这也是如何把一般情感转化为道德情感的途径。所以孟子说“诚者天之道也，思诚者人之道也”（《孟子•离娄上》）。思诚就是把自然的情感状态透过反思，转化为道德情感，使之表现为行为与语言，使性之真实得到实现。有此真实就不能够自欺欺人，造成人与己的堕落与伤害。人与人的依存关系因此而能维持，人从个人走向群体，实现群体性的文化创造，也就成为可能。

真实的一般感情是以道德情感为基础的，并没有反道德的性质。因此我们也不需要把情和欲混为一谈，或把情看成欲的前提。其实即使是欲，只要是基于或源于道德情感，也并非不可接受。这就是告子所说的“食色，性也”（《孟子•告子上》）的意思。此处告子认为食色和人欲一样，是内在于人之性的。孟子并没有反对此一说法，只是强调仁义是内在于人的，而不是外在于人的，亦如食色一样。在强调人性之有道德情感，并没否定人身是人的一部分，只是我们必须认识到人之本性应该作为人的行为的主宰或主导，而不陷于物质层面的非自然活动之中。孔子强调“仁心”之说，不只是四端、五德，还可以有六性等等。例如《论语》中的恭、敬、宽、敏、慧都是道德情感，重要的是在不同情况下如何行为。此处的道德性也就是在反思中的一种道德判断，是基于道德的判断，也是趋向道德的判断。

心灵本体内涵：感、觉、性、情、思、心、智、志

人的心灵发展是从“感”到“觉”，从“觉”到“情”。其发展的根源是人之性，因受外物的刺激而产生内在于性的活动，一般可名为心。但心之为心，却是因性的回应外在世界的刺激，而感受到外物的力量作用，此谓之感。从客观说，此感是知识的起点；从人的生命之性来说，它是情，情是心之动也，显现为

一般的情感。因为情是以感为起点，但感的经验可以变化与扩大，因此产生了复杂的感，也就产生了不同的情绪。情之为情不限于心之动，也不限于感中的形象，而涉及客观的事物的状态，故情有两仪，即情义与情形。孟子说“乃若其情”，是就情感或情意的基础上指谓外物状态。此处说的情意是指情能够带动一种意向的行为，引申出潜在的自我对外在事物之觉知。这里说的潜在事物是就觉知前的自我状态而言，而所谓自我，则是综合现在过去和未来的性情与感觉，所自然发生的自我觉知。此一觉知，从其再度反思的观照下，就赋予了心灵感知一个存在的形象，可名为初步的自我概念的形成状态。此一状态，在长期的性情与感知的活动中，觉知所感外物与所感内在活动，而形成一个综合的整合的自我存在认知，此即本体性的认知，具有客观与主观两个方面。上文已有相当的讨论。此处所重视的是客观形象与主观情义融合为一体的心灵活动。有此一主客的融合才形成本体的概念和存在的架构，以及一个知识的内外结合。

必须要说感之初起就有认知的功能，感的认知作用在肯定外物的存在，并发动了思维来做此肯定，同时也自觉到内在的感受是谓情。情再为己所感，则为情感，为主观之所知或所觉。同时也启动了心之主动性，表达为意之存在，再从意的反思中产生对感情与事情或情形的肯定，再产生所谓的义，即对一个心灵状态或一个相应的客观状态做出描述与评价。描述则为知识之来源，评价则为价值的来源，亦即心意的选择。因此我们可以看到知识与价值都来自于从感觉到情感的反思，此一反思也导向了初步自我的认知或感受。当此自我认知能够把代表主客观的知识与价值融合为一体，而呈现其融合的能力的自我，即为本体的自我。简言之，感的认知作用来自于对感自身的反思，以及对此反思所呈现的主体与客体的融合与统一。因而建立的本体也就具有本和体的统一性，因为有此本乃有此体，此本是潜在的感知活动与相应的对象统合思维活动，经过反思自觉地肯定为本体的自我。人之有本体自我，来自于此一动态的从本到体的思维活动，而所谓思维，则表示此一人的生命体之性的自然活动，是一种创造性的活动，是心之为性之基本。感觉的活动离开其内涵与外指，就是最原初的思维活动，是一种生命的动力，包含在宇宙的存在之中，而为人的存在所继承。由此观之，上述的感情知觉都可以个别及整体地看为此一最根本的人的生命存在的动力所在。我们已提到人的存在的自觉，形成主体与客体分别及统一的现象，提出了本体自我形成的过程。此处还需要补充说明的是，有了本体自我的概念，性、情、感、觉、思、意都可以归之为本体自我发展中的内涵。此一内涵显然是有其内在的发生秩序，同时也有相互关联的内在关系。从发生秩序来看，是所谓“本立而道生”。更具体地说，是本立、体成、知觉、情发，而后产生一个状态，我名之为意志，意是指有知觉的心理状态（意识状态），显示一个潜在的认知对象，可名为意义。但此一对象，却连带意的评价性的活动，产生目的的意识，也因此产生实践此一目的性的主体动力，即为意志。合以上所举心灵活动的内涵，可通名为心。但心却在发展中有其超越的一面，可以不受制于感觉情性甚至意志等心灵活动的影响，而独立为一个纯粹思维活动。用荀子的话说，可以称为“大清明”或康德所说的“纯粹理性”。相对此一纯粹理性而言，则有一个纯粹动力的意志，可称为“志行力”或康德所说的“实践理性”。

无论是大清明或志行力，都是心可以发展的目标或理想目标。由此，人之性也就具有独立存在的立场。一方面与天地之性相连；另一方面又能凭借本体自我，来实现创造人生与文化价值的活动。

我们透过以上的分析与综合，也许更能理解我们语言中有关心的名词的意义何在，并认识到其内在的人的存在的内在经验基础。另一方面，我们必须注意到人性中潜在的社会性。人的内在之性引申的欲望，其追求与满足不但影响自我，也影响他人。因此产生利害的权衡问题与价值取舍的问题。这就需要心性中的理性来做出适当的判断。而所谓判断，即为人的内存的意志活动，人的自然趋向是趋利避害，趋吉避凶，趋乐避苦，综合起来就成为趋善避恶。而此处之为善，能为心所认同，从本体自我的眼光看，本性即为善。因为有此善的品质，才有善恶之分与人对人的存在之性为善的肯定。孟子进一步说“可欲之谓善”(《孟子•尽心下》)。可欲是人的存在的根本价值需求，一样东西可欲，不只是实际能满足人的本性，也具有必然普遍的规范性。因此，善之为善是性之必然存在，而非只是心善之对象。有学者解释，性善为人性之向善。此处强调人之向善必须以善的自觉为基础，而此善的自觉是来自于人的本性。但善如何在具体事物中落实或被选择认定，则必须从经验来取得答案。上述提到的利害苦乐吉凶都可以看成是善恶的鉴定标准，但反过来它们并不个别地决定善恶之为善恶，而必须由人心中的意志（简称为善意，will to good）来做出最后的决策。此地又涉及意志自由的概念，人之有意志，即表示就其本体自我选择行为的目标，而不必受制于其他因素。这也说明本体自我的最高发展，就是自由的意志。但此处我强调的自由意志并非空洞的存在，而是要借助心性的心灵活动，来具体地综合地操作，达成合乎理性的与整体性自我的发展成长的理想目标。

中国儒家以心性为自我存在的内涵，此一内涵所包含的意志是要推己及人，更进而面对天地万物，发挥其开阔无限的善意。这也是人的自由意志一个内在的以及理想的存在方式。由此考虑他人之性以及天地万物之情，感受他人之心，甚至于天地之心，张载说的“为天地立心”也就成为可能。因为我有心意推广至天地，来发挥我心意之关怀，形成一种天地一体之仁，并以此建立普遍性的行为标准。孔子提出“己所不欲，勿施于人”的仁爱标准，是“可欲之谓善”的判断基础。

人在生活中不但能够产生一般情感，也能基于人的意志产生对善恶取舍有关的道德情感。它是结合人我的内在性而形成的价值认知，可说是第二层次的生命认识（second order reflection of life）。基本地说，它是一种价值创造的基础，是自我内在性的自我超越。此处我说的超越并不否定内在性的提升的概念，也就是超越就是一种自我内在性的提升，而此一提升却是包含了原有的内在性。内在性根植于人的性情，有其性情与本体的根源。所以在探讨内在的超越性时，不能只重视超越而忘记根本，这是一个非常重要的认识，可以用来纠正内在性理论的看法。也许此处对超越性的认识是根据人的最后与世界的互动形成的超融性来决定的。所谓超融，是超越而包含而融合，并非放弃原有的内在活动而独立存在。因为内在的活动是一体的，其新的存在的发生也是由于内在的根源的创造性而形成，这是一个本体自我发展的过程，有其主体自觉的修养活动作为基础，也就是必须在实际的行为中和处境中，结合原有的经验综合成为一种创造的力量。一般情感能导向道德情感就有待此一创造力量的发用，最好的例子就是个人可以因为良心的发现而改变感情的状态，所谓改变也就是一种提升；而所谓良心，也就是良知与良志统一的表现，是一种生命性情内在的创造性的表达。在这个意义上，人类的道德伦理也都是源起于人的内在存在的创造活动，是在人与人之间的交往和人与世界的交往中，经过内在的反思，也就是人与自己的交往来呈现的。

《孟子》强调回到人性之“端”，此“端”即是生命的根源性，必须自觉反思而取得，正如人们可以从一般情感经过反思产生道德情感的情形一样。孔子虽强调反思，而不多谈性与天道，并非反对性与天道。只是为了教育的目标，他一时不想涉及玄理。但在他后半生，却透过思考《易经》的哲学基础，强调了性与天道的重要，见之于《易传》。其实他在《论语》中也暗示了人存在所包含的道德根源性，他说“仁远乎哉？我欲仁，斯仁至矣”(《论语•述而第七》)。如果没有人的内在的根源性，又如何能够形成仁心之德而可随意宣发出来？孔子说的当然是他自己的反思体验，但他的体验也说明了人的内在德性的形成在于反思自我，认知自我的本性并自觉地发挥其影响力。这也说明了人的内在性经过反思认知其根源性，再启发此一根源性的活力，而把人的基本感情转化为道德的感情，也就是包含“己所不欲，勿施于人”的感情的认知。爱人从自爱到亲亲而仁民，这样一个提升与推广就是德之所以成的过程。我们可以称之为德性的发生，此一发生必须经过反思转化的过程。爱人也就变成仁民爱物，而且能够成为日用平常的生活情调。孟子继承此一反思，最后提出四端之说，并强调人性之本善，其脉络分明前后一贯，经过上述的分析，也就更清楚了。至于《中庸》提到的“天命之谓性”，当然也可以看成是子思对自我根源性的反思认知而形成的见识，同样具有为孔子儒学奠定基础的作用。

先秦儒学的统一性和整合性

当代西方哲学强调人类可以对自身进行客观科学的理解。客观科学不只包含物理学和化学等，还包含社会科学等。社会科学必须关涉整体的人类社会行为。就群体中的个体而言，个体的人区别于动物在于人有心理意识，具有创造与追求价值的能力，这是因为人不只是物质的存在，也是心灵的存在。虽然心灵存在必须透过物质的存在来作一般理解。戴维森和蒯因提到人的内在性的问题，所谓内在性即是人内在的生命活动所包含的内在的功能与活动，包含意识存在、心灵存在、知识创见与价值认同等活动。但他们无法把这些意识、心灵的活动化约为外在性物质的存在。固然，我们可以从外在性的生理存在推出心理的状态与内涵。但在外在与内在之间似乎没有必然的关系。因为我们不确定身体状态与心灵状态是否完全相应，尤其有关心灵活动的知识与价值情感，并不一定能从外在的物质条件推演出来。事实上，我们往往无法确定何种外在性的条件能够带动或相应何种心灵活动或反应。因此，心物之间并没有一个精确的相应与对称。外在性是否能转为内在性，正若内在性是否能转为外在性，并非外在性的科学能够回答，而必须依靠人与人主体间的沟通与反思，来做出某些相应的结论。在此视角下，康德的超验条件（transcendental conditions）还是从内在性的角度来展开讨论，与实际的外在条件（external conditions）认定有非常大的差别。康德把内在性看作人类存在的内在普遍性，而非所有生命存在必然有的内在属性。人的内在道德律与自由意志就是最好的例子。于此我们可以说人的存在是一个非常独特的存在方式。人的存在，在外在自然条件之下，把外在的因素转化为内在的品质。但成为人之后，我们却无法把内在性转化为对等的外在性。人有物质存在的身体，但其物质存在的身体却不等于其内在的心灵活动。人的存在已经把外在的条件转化为内在性的存在。

先秦儒家本体存在论
发展图示

晚年孔子接受《周易》经文的思想，从观和感的视界重新诠释了《周易》经文而形成了《易传》。以《易传》为介体，我们连接《论语》《中庸》《大学》，其关系可以图示如下：

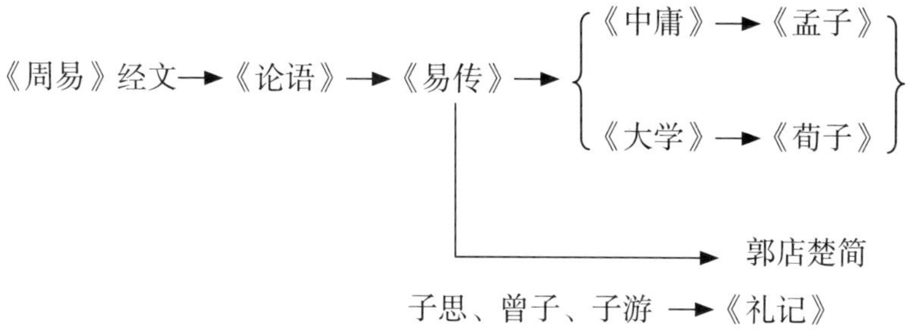

上述楚简包含了《性自命出》与《五行》，也包含了讨论性与命意义的《唐虞之道》等。在楚简和子思之间还有记载了孔子与其弟子对话的帛书。帛书讨论了“易之义”，二三子问等等。从文本而言，儒家的发展开始于《周易》的经文，经过孔子的理解而形成《易传》。这同时也表现在《论语》和帛书中。《论语》是孔子早期的思考，其晚期的思考表现于帛书，最后形成儒家本体哲学的重点《易传》。《易传》所根据的《周易》经文，作为一个展示宇宙变化规律性的符号体系，启发了孔子，形成了《易传》之后，一个完整的本体哲学体系就出现了。其中包含了宇宙哲学以及以此宇宙哲学为基础的规范道德哲学。《周易》经文不仅启发了孔子的本体存在论，同时或先后也启发了道家的宇宙论思想，见之于《道德经》。此处我们关注儒家本体存在论的形成过程，图示其理论结构如下：

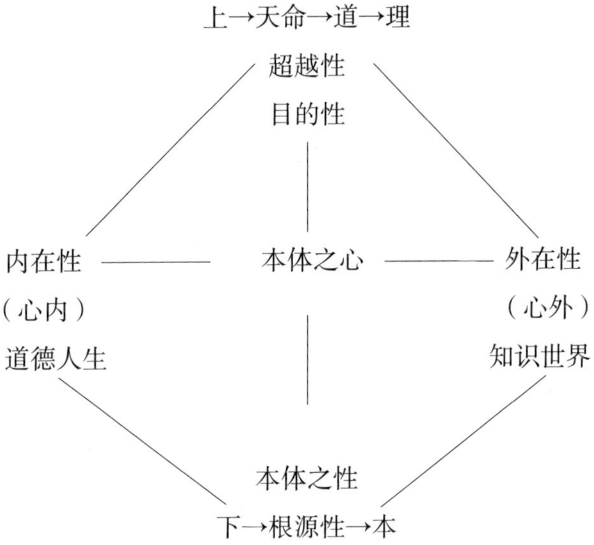

儒家本体存在论的焦点在统一问题。内外如何统一？上下如何统一？回答是它们都统一在本体之中。“中”表示人的心性，因其内外性的一体性和整体性，能够把天命转化为根源性，而根源性也可看成是道理之所在。上学下达，内外合一，形成内外一体，性道一贯。人之本体之中是心，心是性之自觉，并具有突显的创造力，能够开辟外在的知识世界，也能建立内在的道德世界。一为心的外在性，一为心的内在性。外在性由观而来，内在性则由感而存。此一本体的结构是以儒家的经典文本的结构以及发展脉络为背景的。

此一心性的结构内涵，虽然有内在性、外在性、超越性、目的性、根源性、人心等品质，但它们却处于分离状态，缺少统一性，乃至导向《孟子》和《荀子》的对立矛盾。我们从人的本体观点，可以先理解诸性的相对独立性与成立的功能与对象，认识到《荀子》偏向于外的理的世界，而《孟子》偏向于性的心的世界。两者其实是互动，从生命的经验就可以取得证实，说明两者是一个整体的两面，而非必然对立。楚简中的《五行》篇就隐约透露出两者之间的关系，认为“德”分为出之于内和出之于外的两种，即是内心的德与行为的德。内心的德被称为“德”，而行为的德则被称为“行”。虽然研究表明《郭店楚墓竹简·五行》代表子思及其弟子的观点，但事实上却具有荀学的成分。而且“德”“行”之分可以追溯到孔子同时重视的“仁”和“礼”的两德性。仁者爱人，是一种情感状态；“克己复礼”为仁，重视外在礼乐的规范，具有外在的权威。周公制礼做乐，首先以外在权威规范生活的行为，如成年之礼、婚嫁之礼、葬祭之礼。孔子继承下来，提出仁与礼的两德，把遵守礼也看成是一个本质的能行之德，使人的生活行为内外都有所遵循。此处说的仁礼显为内外之别，但孟子时代的告子却说：“仁，内也，非外也；义，外也，非内也。”但孟子否定告子之所谓义为外的说法，义固然有外在的对象，但义之为义，仍然是一种道德感情，发自于内，因此是内在性的，而非外在性的。另一方面，荀子并不完全同意孟子，尽量把内在的德性看为外在的学习所致。问题是学习固然是有外在性，但学习到的成果却可以是内在性的，所谓心之所得。孟子把人的心灵功能德性化，也因此把有些德性涉及的对象也内在化为人之所知，使他能够说“万物皆备于我”。因为万物都是人的内在德性所观照的对象。此一结论是人之知觉与知识，固然涉及外物，但人的能知的主动性及组合性，却是心灵活动的显示，具有内在性。依此类推，我们也可以把统一性与超越性，甚至超融性与生命的律动性，都看成内在性或内在性所代表的思考功能与活动。

荀子认定天具有外在性，人可以大天知天而用之。荀子是否进一步把天超越化，作为一个外在性的根源？他在某种程度上确是如此。因为荀子虽然从“精于一”的统一性说明大天知天而用之，但是天仍然是天，它是生命的永恒根源，有如《易传》所说的太极。因此，荀子并未否定外在性和超越性的外在存在。但对孟子而言，“天”已经转化为“性”，所以没有外在超越的“天”，只有内在超越的“性”，也是内在的“天”。必须要说，荀子的“天”还没有达到墨子所肯定的程度。墨子的“天”是人格化的“天志”，自然是独立的外在超越的存在。

为了解决人的存在状态中所包含不同品质与功能的统一性问题及相互发展以完全实现人的潜力问题，孔子在《论语》中就已经提出了整体性的要求，他说“吾道一以贯之”(《论语•里仁》)。孔子所谓一贯之道，曾子解释为“忠恕而已矣”。此处所谓忠即内在性，而所谓恕则为外在性，各自涉及自我与他人。后来《中庸》提到天命之性、上学下达、合内外之道，都表现孔子所说的上下一贯性和内外统一性。认识此一细腻的语言表达，人的自我存在自然形成一个本体性的存在统一体，结合了内外之性与超越之性，以及整体存在之性，我名之为人的本体的超融性。当然这个超融性仍然是一个非常理想的状态，需要进一步把内外上下超越结合为一体而开放的包含世界。这才是孔子所说的一贯之道。这也是儒学的自我本体建立的根据与基础。《论语•学而》中说“君子务本，本立而道生”就说明了本体性和目的性之间的密切关系。经过如此的分析与综合，我们可说把人的生命存在及其所展现的心性之整体结构，赋予了一个整体统一的意义，使人的生命存在具有不断开放不断提升与不断开发的生命创造活力。此一本体自我内涵的各方面的探讨，在先秦儒学之后，经过汉儒到宋儒、明儒，从董仲舒到朱熹、王阳明都展现出人的本体存在的丰富内涵与价值，是对人的理解与诠释的重要成果。

《易经》是在后来才被奉为经，成为五经之首。它原本是透过“观”来描述现象，为了占卜的需要启发了“感”的作用。观、感也就构成《易经》中非常重要的两卦。对本体诠释学来说，这是把方法论包含在本体宇宙论中。再经过孔子对人的观察与反思产生"仁"的体验。"仁"的体验是人的存在的统一、整体、一以贯之的体验。孔子并在此体验的基础上发展了《易传》。《易传》是孔子对《易经》经文的本体诠释，并构成一个有本有源有目标与整体性的体系，进而诠释宇宙万物与人的存在。可以指出，《易传》之所以能够如此诠释在于人的身心统一。在楚简中"仁"字写为"急"，即上面有一个"身"字，下面有一个"心"字，表示生命身、心是统一的存在，完全符合"仁"作为身心统一的整体体验的理论。仁，首先是人自我的身心统一，然后才能把两个人之间的关系经和谐而统一。如此，才能说"他人有心，吾忖度之"，甚至面对天地变化，建立天地之心，体察天地万物之情。孔子在《易传》所显示的天人的合德性以及表现的仁德的统一性，说明了认知天人合一的真理性。同时也展现了一个从人的内在统一到天人合一的统一认知的方法途径，即是从观到感，从感到仁德，观感汇通。于此宇宙的变化也就可以理解为"天地之大德为生"，而"生生则谓之易"，并反思其内在的发生秩序，表现为“一阴一阳之谓道”以及“易有太极”。这是基于人的内外观察与体验而呈现出来的对宇宙，以及对宇宙与人的关系之间的认识。后来子思提出“性自命出”，明白地宣示天人合一的关系。但必须认识，子思的《中庸》和曾子的《大学》的分歧。《中庸》是以人的观感为主导，偏向于体验；曾子则是以知识为主导，偏向于观察。但两者对儒学天人本体一统论的认识是同等的重要。可惜当代的牟宗三哲学却不太看重《大学》而有所偏。

本体存在论的整体性具有三个层次：个人、社群与宇宙。《大学》是有关社群的学问，强调齐家治国平天下。《大学》和《中庸》一样，都依据人的心性进行推理，把心性的活动与其对象范围扩而充之，追求天人之合德或合一。在《大学》和《中庸》之后，人存在的本体性仍然出现分离和分裂，表现为强调根源性的《孟子》和强调目标性的《荀子》的对立。《荀子》后起，与《孟子》分道而驰，对《孟子》采取批判立场。《荀子》尤其批评子思的《郭店楚墓竹简•五行》，认为其“僻违而无类，幽隐而无说，闭约而无解”(《荀子•非十二子》)。荀子认为由《郭店楚墓竹简·五行》导向《中庸》已经把内在性转换为内在超越性，无法再用外在性来说明了，所以认为内在超越只是一些幽隐、无根据的抽象。

从比较哲学看，西方哲学的本体概念中也有内在与外在之别，并具有从根源到目标，从内外到内外超越的发展阶段。在西方，深入探讨人的本体内在性的是康德哲学；而人的外在超越性则更体现在基督教神学；外在性发展得最极端的是现代科学与科学哲学、外在主义的分析哲学等领域；根源性更深刻地体现在海德格尔的存在哲学。海德格尔对根源性的追求最后似乎回到了康德的超越存在的上帝神学路线。这些西方哲学的发展，其极致往往是在消解相反对立的立场。例如，科学外在性要消解道德内在性，道德哲学要消解知识外在性。超越的上帝神学要消解人的内在性的追求，而内在性的追求则要求脱离外在性。这些对立与冲突使西方哲学陷入困境之中，看不到一个真正的出路。与之相反，我们从中国哲学的发展中看到内外统一与融合的迹象，或者说，具有更多有利于统一融合的属性。前面说的孔子所重视的仁的体验，就具有包容性和统一性，能够说明上下内外之别，进而说明上下内外的超融的统一。本体诠释学的发展，一方面参考西方形上学与诠释学的发展方向，同时也在中国传统哲学的本体存在论的结构中创新本体自我存在的完整性以及包容性，提出本体诠释的开放理论，显示易学及儒道之学之间的脉络关系，用以解除西方哲学中的矛盾冲突问题。

儒家哲学及其本体基础
（中、和、诚、明）

《论语》中孔子提到性的问题，他认为人性是相近的，“性相近也，习相远也”(《论语·阳货》)。但他并没有对性本身提出特别具体的内容。另一方面他又提出，“人之生也直，罔之生也幸而免”(《论语·雍也》)。所谓生，即是性。因为万物之生，必然具有一定的倾向与内涵。如说人生来自然具有直的性向的话，我们如何理解直？显然这个直是指自然的表达与直接的表达。而“直”和“罔”相对。“直”就是正直，“罔”是枉曲的意思。经验上我们一向把直看成正面的德，而把偏于直的罔，看成负面的价值。如此，我们就可以说人的性是顺着自然来表达。而自然之性在自然中有一定的规则。比如：人饥就想吃饭，人渴就想喝水。这是自然中一个普遍的生命现象，因此是人之性，甚至是物之性。此性有利于生命的发展，但过犹不及，并非所有的直都有好的结果，而必须要考虑人自身和环境的具体情况。违反本能的直或违反自然的情况所表现的直，自然就是罔了。因此，如果直是善，罔则有所不善。从人之能有仁义的德性来看，人性之直要维护其善情，则只有发展人性之德。总结说，直虽不必然指人性之善，但却是人性之善的一个发展的前提或起点。如此看来，孟子继承孔子，主张人性本善，与孔子对人性的主张不但相融，也可以说是一种创造性的发展。此一创造性发展的枢纽，可以看成是子思对人心的认识。人心是性情的自觉，居于性情的中心点，也是生命的动力所在，因之能够发而皆中节，产生和谐秩序。简言之，如前节所说，性包含了感、情、意、知等方面。这些功能是心之所发，为心所自觉，而所谓自觉，也是性的整体的发展。自觉的性就是心，开始就具有感知与意志的作用，代表认知世界与主导行为的需要。感知与世界，心灵与行为，以及主体与客体之间产生对应的沟通与交流而无矛盾与对立，这就是《中庸》所谓的中和状态。中更多显示内在知行的统一和谐，而和则显示内在与外在关系的统一和谐。内外相应从主体的心性切合外在的世界，从主体的活动看是诚，所谓“诚之者”；而从主体的观照外物看，即是明，有“知之者”义。整体来说，中、和、诚、明表现一个本体自我存在的内在统一和外在统一的状态，《中庸》称为“致中和，天地位焉，万物育焉”。对于心性之中的探讨，可以不断开展，显示其平衡性、秩序性与和谐性。在实际的活动中，实现理想的对称。此一状态，也可谓之为真。中国哲学所谓的真，不只是对应外物而言，更是就本体的内在性而言。它所对应的是，整体的外在存在所表现出来的内在的存在。从真与诚的理解，我们可以看到中国伦理学的一个特点，就是必须掌握与面临人的本体存在及其活动的统一性，如同面对宇宙本体真实一样。在《中庸》的本体存在论架构中，人的行为既要合内外之道，也要合知行之道，两者合一而形成致综合之道，以达到致天人之道。但在宋明理学与心学的发展中，就朱熹而言，伦理学的重点乃在内外合一的问题上，也就是理气的合一。就王阳明而言，伦理学的重点乃在知行合一的问题上，直接强调人的良知与天地本体的合一。

关于诚、明的关系，我们可以把明看成是一个直觉的客体存在状态，而把诚看成是一个直觉的主体存在状态。明类似于知，而诚类似于行，两者的合一也就是知行的合一，以及主客的合一。如就性情的意义来说，前面的分析指出，情有主客的存在状态，主客的统一和谐就在于情之符合于事。此一符合也可以说为情之知，显示情不只是心性内在的活动，也是心性认知外物的活动。如何在情性与情事相应的情况下，认识到内在存在的价值发展，就必须有意志的作用。因此，我们也可以把情的活动作为意志活动的初因。情能产生欲，欲就是情的行为动力，如果不能够在意志上掌握情的真正意涵（即真实情况），使欲忠于情而非逾越情，乃是伦理学的一个重要要求。朱子要求“灭人欲而存天理”，是一个极端的想法。也许由于未能掌握情欲之间的统合关系，以为欲只是物欲，而无情的自然节制或反思的理性的节制，就过分地限制生命的发展，也无视意志由情欲而生的诚与明的作用。简言之，性而情表达了一个真实的存在情况，并由此产生行为的动机，引发意志的主导力量。这才是儒家本体伦理学所强调的内外协调与知行合一的作用。善的施行，就在这一个内外协调与知行合一的实践基础上完成。由于《中庸》强调的诚明合一的精神，一个行动的人必须有此一合一的自觉，才能保障行动后果之为善。善是诚明知行的统一性所决定，也显示动机与目标的一致，以及方法与理想的一致。

古典儒家把心建筑在性的基础上，即性为心之本。在宋明理学，心被看成是性之用，而性也因此用而形成更完整的体。此一体用就是上面说的心的诚明一致与知行一致。由于性来自于天，就必须承认一个终极存在的宇宙本体（即天）是人的存在本体的根源。有此根源，才能实现心为本体的作用，也就是透过感、情、知、意，实现心的本善的价值作用。由此溯本求源，把天之所命的意义加以更好的表明。所谓天命，是把天作为人格神来看待，但实际上天可以看成终极的创造力，是生命的起源。其所命其实就是规范人的性命的存在与发展，必须从反思中认识此一天地的创造力，不但是自然的推动力，也是自然的规范力，规范即在自然之中。我们可把规范当作理，把自然看成气，此即理在气中。此一认识，可以作为理学与心学的共同前提。因为它结合了自然与应然，也就是价值的需要，而形成所谓生命的存在。在生命中，自然涵摄价值。这也就是生命存在的必要条件，存在离不开价值，因此生命的活动，就是价值创造的活动。而所涉及的知识与知觉，也都是价值的行为，即是显露价值的行为。此一人的存在的生命本体论，是必须特别提出来的。不然批评者如休谟就认为把实然与应然混为一谈，在生活中实然不允许应然混淆，以保护实然之自然的自然价值。但在创造性的原始点上，以及在知行合一和内外合一的结合点上，必须认识或允许自然与实然突显价值，即价值是存在的创新与层次突显。而心的作用则在实现此一创新与突显，因而具有最深刻的本体存在的意义。

在《易传》中，有太极生两仪之说。太极生两仪是自然，但也是宇宙存在之必然与应然。因为只有如此，才能够保证宇宙的创新与发展，形成一个万物繁荣的生命状态。当然我们不必把此一创新的活动看成是外在上帝的行为，而忽视自然本身可以有这样一种创造的活动。这也就是为何我们必须从整体存在的思考中，认识人的本体就是一个创造价值的本体，使人的存在具有无比重要的价值。有此认同天人的合一，既是自然的，也是内在于自然的应然与必然，而为价值不断产生的根源。周敦颐提出无极而太极的说法，朱熹把它看成是一体之两面。此一体之两面可以诠释为无极的自然与太极的应然，也就是原始的能量是自然存在的，但一旦突显为存在的生命，就产生了应然的价值创造力，也就是具有一定的目标性。此一目标性，终极地说，是真善美的合一，是天人的合一，是天人创造力的合一。如此，我们才能确定所谓性善的意义，如果人性善，天地之本也是善的。此一意思就是自然的存在蕴含着无限可以创造的价值，是透过自然的发展和人的自然发展与自觉发展，来实现此一价值能量之转换为具体的价值。当然这是一个理想发展的过程，在实际宇宙与人的历史发展中，实然与应然并不相应，甚至于相互冲突，这就显示了人的本体存在必须克服此一发展的可能性而更加自觉地去掌握存在的价值与价值存在。从伦理学的眼光看，这是人的自我修养的过程，从自我存在的鉴定到自我创造的活动，都必须认识到心性的活动与活力。二程说，涵养心性于未发之前，表明心性之未发是充满创造的生机的，而又蕴含价值选择的可能性。心之自觉必须面对此一可能性，主动并积极反思根源与目标的一致，来进行理性的认知以及情感与意志的决策。所谓道德实践也就不外于此一认知与决策的统一性，这是一个自觉与自修的过程，也是一个面对宇宙生命变化的经验与体验活动。如此方能把人生命心性的存在，不断更新而生生不已。儒家和中国哲学更强调主体自我的修持，必须要同时进行感知与反思，从清晰的思考中掌握心性之动能，并悟觉价值的创新力。这是一个学习的过程，也是一个良知呈现的过程。所谓良知，即是内在性的理性自觉与意志发动。

本体诠释学视域中的“道家”地位

道家哲学是本体诠释学视野下一个重要的部分，

我撰写《〈道德经〉中的本体伦理学与道德多向性》（Dimensions of the Dao and Onto-Ethics in Light of the DDJ，*JCP* 2004）一文强调，“道”是中国人经过长期观察宇宙天地所形成的对天地变化（易）律动性的认识。道，从《易》而来。在原始的易的观察与体验中，并没有突显道的主导性，只是就实际的经验总结出变化的律动性与规律性。至于道之一词如何具有规范性或价值性，则是在长期的理解过程中逐渐形成。因为道是人可以或应该行走的道路，是可以达到一定的目的与目标的。宇宙之易有何目标则从对宇宙万物生命与生态的反思中取得结论，万物因变化而生，生而繁荣以实现其内在的活力而后生生不已。

从汉字“道”的实际用法中，我们可以看到道家老庄对道的体验与认识，与儒家对道的体验与认识不一样。儒家孔子重视自然之道的目的性，开展了一个宇宙生命与人的生命自我实现的过程的认识，强调的是一个主体性的体验与实践的作用，把自然天地之道看成是实现价值之道，也把人类实现价值之道看成是宇宙自然运行之道。老子则完全就道的自然性与宇宙的变化性（即变易），来标举出一个常道的概念。所谓常道，是宇宙变化的主体与本质，有其可以描述的规律，如说“道法自然”“道生一，一生二，二生三，三生万物”“反者道之动”“夫物芸芸，各复归其根”等等。这样就形成了一个道的哲学，可以作为对易的变化的本体性的诠释。孔子观易，在《易传》中也说“一阴一阳之谓道”，此一描述天地的变化是与道家老子“万物负阴而抱阳”相通的。我提出道与儒都受到原始的易学之易的观点的影响，但在其理解与诠释中，却因生命经验和生命目标的不同体验，而产生了不同的哲学诠释。两者基本上都重视生生之为易与一阴一阳之为道这两个根本命题，是把易的变化看成具有内在的生命，同时也具有深厚的价值，在人类体验中可以实现，也能为人类带来福祉。此两者之同也可以说是两者对变化的本体的认识是相同的，是把自然与生生的创造力联系在一起的。但在道家，人从天地吸取的道的精神是解除人类生活桎梏的一个必要条件。但从儒家的观点，人的生命固然包含在身体物质的层面，但却不受这一层面的限制，而可以发挥积极创进，突破自私贪欲与愚昧无知的樊笼，追求生命力的创造活动。不但创造文明，也能实现生命的终极自由。这两种对宇宙变化内在性的认识与诠释，当然可以看成是相反对立，但也可以从一个更高的观点，把两者统合为一体，以消除其彼此看到的缺陷与弱点，同时增加彼此看到的长处与优点，形成一个有无互补、动静自若的超融存在与思想状态。我说存在自然是实际体验到的统合的美感与善的满足感，实现一个更充实的真实感与愉悦感。我说思想状态则是必须认识到一个本体的真实源头，把道儒看成两个可以发展的方向，有如动静刚柔、明暗隐现之相互配合与统合形成机动的一体。再者，儒道两者也都重视本源，无论有无，均有一个创化的本源，也重视本源的自然发展，形成生命存在的阶梯，各自实现其内在的创造性。这也是对道与生的体的认识，以此为基础产生的动态的反思的整体的宇宙与自我认知，都可相互补充或消解，形成一个生态型的知识体系。在此一知识体系的感受下，进行人的生活实践与文明创造。这也就是人从道或天承受创造力的成果。就个体而言，采取道家的自然无为态度或采取儒家的有为态度，则可以就个人的体验与深刻的存在需求来决定。因此我们并不否定儒道有其本体存在论的一致，但也允许个别性的具体认知与实现，这样也就能更好说明道家能够开发出一个道家哲学的体系，包含《庄子》与《淮南子》等。而儒家则可以开发出一个积极有为的儒家哲学体系，包含《孟子》与《荀子》等。两者可说具有原始的本体意识，创造出分别的主体世界。

在人的本体体验中，人在世界（world）之中，世界也在人之中。一方面人理解世界，为世界之一部分；另一方面世界透过人的理解成为人的一部分。人能够理解世界就能成为自己，因为人在理解世界的过程中有一个源头即“自”的意识。自即来源（from-being）。有此源头的意识，人确定自身的立场与地位，对来源的更深的认识就是“己”，即源之来者（being-from），等同于一个源头（source）。在意识中形成了可以认识的对象，对此一对象的认识的主体活动，可称之为“我”(I）或“吾”(me)。中文用自己来诠释我或吾，是更清楚地说明主体存在所依循的本体存在，也就是主体中有本体的含义，把主体的存在与客观事物的客体存在合而为一，即成为一个本体的存在。这都是在观感与反思的体验中呈现的概念。“我”之中的“自”和“己”两字说明“我”的侧重是不一样的：自，只是一个开端；己，是已经存在的对象，具有内容。

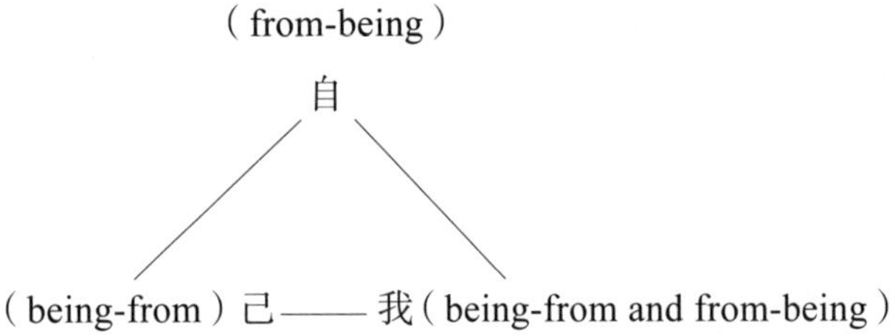

自己是已经相对于世界形成的一个独立的个体，即主体，如主体包含客体或彼此相依而统一，则为本体。但是道家注重广泛和长期的“观”，重视天地之为永远的根源，而不重视自己形成的自我。因而强调“无己”，也就是不把已经成为“己”的人作为根源，重点在强调己之无为，无己就是自然，也就是无为。相反的，儒家并不漠视“自”“己”的活动，以自我的反思与认知建立“自”“己”的价值。道家主张无己而无为，却不否定外在存在的变化及其呈现的规则。所谓“为”是针对人而言，而自然之无为只是突显自然之为自然，而不必有人的活动。而人是否活动也并不影响道之自然无为，只是不能因自然的活动而发展人的活动，这才是“无己”的要求。

道是变化的、自然的，而其更深刻的一层意思是“生而不有”“为而不持”“长而不宰”。《老子》的最胜处就在认识到作为变化流行的“易”可以不考虑到人的内在性存在。他只强调生命的根源性，而不强调生命的目的性，将目的性归之于道法自然。虽然道家不关注人的内在性，但并无蔑视人的存在之意。人可以反思地认识道之无为自然所体现的力量，可称为无为之德。德与道相应，因此可以仍然谈到道德的关联问题。人之德因天之道而起，必然回归于天之道。德是就人与人的关系而言，也就表现为一种关切而不参与的态度。如此也就把人的内在性的德的可能性限制在对道的遵从性了。从本体诠释学的观点而言，道家之无己无为，不关注人的内在性，是与儒家强调克己复礼，发挥人的内在性明确相对照。也许我们可以把基于易学形成的老庄道家哲学称之为“易之道”，而把孔孟形成的儒家哲学称之为“道之易”。

诠释哲学与分析哲学：西方分析三态与中国哲学

分析哲学（analytic philosophy）是现代西方哲学发展出来的哲学思考与研究方法，源于1930年代维也纳学派（Vienna Circle）逻辑实证论的发展，其目标在建立正确的科学知识与精确的知识体系，并提出知识真假命题的认知标准。它的基础是现代逻辑、现代科学方法论与现代科学理论的构建，重点人物如施利克（Moritz Schlick，1882—1936）、卡尔纳普（Rudolf Carnap，1891—1970）、纽拉特（Otto Neurath，1882—1945）、费格尔（Herbert Feigl，1902—1988）、魏斯曼（Friedrich Waismann，1896—1959）、哥德尔（Kurt Gödel，1906—1978），他们在早期维特根斯坦逻辑哲学的影响下，提出拒绝形上学，确认真理为数学及物理科学真理之立场。1932年蒯因教授访欧一年，结识了卡尔纳普和施利克。回美后在哈佛大学倡导分析哲学，使分析哲学成为美国哲学之主流。[1]分析哲学发展至今，已有很大的变化，其中最大的改变是哲学家并不限于从数学或物理或科学哲学立场谈分析哲学，而是更开阔地把日常语言分析与自然语言分析的方法与成果，看成是分析哲学的重要内涵。因此，分析哲学至少涵盖一般语言分析，以后期维特根斯坦哲学为基础，同时也吸收语言哲学如乔姆斯基（Noam Chomsky，1928— ）的文法理论。因此，分析哲学也并不定于一个方式或一个模型，而是一个开放的分析概念、语

1 我于 1959 年进入哈佛大学哲学系攻读哲学学位，成为蒯因的学生，选修他所有的课程，他也是我博士论文的导师之一。1963 年，我开始任教于夏威夷大学哲学系，于 1965 年在洛杉矶加州大学认识卡尔纳普教授，与他多次会谈，并由他介绍认识费格尔教授。1968 年我召开 International Conference on Philosophical Aspects of the Mind-Body Problem，有费格尔与斯马特（J. J. C. Smart，1920—2012）、佩珀（Stephen Pepper，1891—1972）等科学哲学家参加，卡尔纳普因病无法前来。会后 1975 年，我出版了 *Philosophical Aspects of the Mind-Body Problem* 一书，University Press of Hawaii, 1975。我和当代一些分析哲学家建立了学术关系，并介绍分析哲学于中国学界，着重探索分析哲学对中国哲学的重建的具体与积极的影响。我后来提出的本体诠释学是把分析哲学看成一种诠释的分析，作为本体诠释理论建立的一个重要部分。维也纳学派中有一位中国学者洪谦（1909—1992）取得维也纳大学哲学博士，后来回国任教。我在 1987 年左右与他见过面。

言、理论及方法的一般方法，可以广泛应用于理论批评与理论创建的工作上。我在此一理解下，提出中国哲学的分析的重建，是从中国哲学的概念、语言（包含词句与文本及传统学者的文献）以发挥中国哲学各种命题的内在含义与在时空网络中的所指与所思，以扩大其意义空间，并掌握其深层的意象与动态。

从以上的陈述，我们可以说分析哲学是哲学的一个重要部分。如果我们认识到分析概念与语言的重要，以及重建理论以面对真实世界的重要，必须肯定分析哲学是世界哲学的主流。无论中西哲学，都可以在分析哲学的观照下，进行新的诠释与重建，只是诠释的目标和其基础的本体论的预设为何可以不同。本体诠释学以本体论为基础，以重建本体论基础上的知识论、价值论、伦理学与美学等。因而发展中国哲学中的义理与结构关系，对理解真实与真理，产生直接的效应。同时使中国哲学走进世界哲学的发展核心。这就是为什么我看重分析哲学作为方法论的重要性，以及中国哲学必须走向分析与综合的道路。有了分析，才有综合，才有创建，才能面对与开发更开阔的眼界与意义空间。仍然不得不说，分析哲学并不违反实践哲学，因为有了分析与综合，我们才有更好的知识结构，并以此发展价值的内涵，提供行为的方向与标准，并促进实践行为的规范性与合理性。此即表示分析哲学也应该是实践哲学所依持的一个方法基础。

欠缺西方分析精神的当代中国哲学

目前中国哲学的研究逐渐受益于分析哲学，但分析哲学并未在中国哲学学者中完全展开，主要由于中国哲学学者对西方哲学的发展并无清楚的掌握，也并不理解它具体的意义与作用。有一种看法是把分析与直觉对立起来，关于此点，我在下章再讨论。更重要的是，中国学者走向西方哲学，往往不把中国哲学当作哲学来看待，尤其在分析哲学的领域中，不少中国学者极不重视中国哲学，对中国哲学的知识性的本体论的基本含义不能领悟。以为中国哲学的分析成分只在中国逻辑中存在，但中国逻辑的发展也并非十分明白，尚在专家的探讨范围。最近有一个倾向是把老庄哲学作为中国逻辑的范本来进行分析，以说明老庄哲学中的一些令人瞩目的命题如老子的“道可道，非常道”以及庄子的“我知鱼之乐”等。这样的个案分析固然有其意义，但其重点乃在一个本体论的前提预知和挖掘的基础上进行。至于一般性的分析的重建或重塑，却有待更系统的认知。另一方面，在此个别的意义诠释中，也往往出现一些自作主张的文本解释。有些年轻的学者包括我以前教授过的学生，在从事中国哲学经典文献翻译时，由于不理解分析哲学而做出一些离开文本意义的翻译，通不过分析哲学的检验。在众多的例子中，可以举出儒家哲学中的“正名”概念与“仁”的概念来说明。何为正名？必须要理解正字的传统用法，符合孔子哲学的上下文，而不可以之为只是安排（arrange）名称以对应事实而已。因为正还有一种规范化的作用与含义，是针对真实或事实所做的规范的遵从。至于仁的概念，则更为复杂。如不深入考察兼顾历史与语言用法以及孔子意向，翻译为所谓“权威的行为”（authoritative conduct）是假设了一个与儒家哲学不相应的前提，以古典的权威为核心概念，事实上违反了儒家仁学平面化的基本倾向。因此造成理解上的窒碍，并导向误解。至于其他有关的翻译，许多汉学家由于并不深刻地理解中国的文字与训诂传统以及中国哲学各门派的基本出发点与发展的内涵，往往以自我中心的方式，把西方的传统用法或翻译者的有限认识，强加于中国哲学语言之上，可说正是分析哲学需要批评的现象。分析哲学求真求是更求一个精确的认知。如无此一训练与眼光，任何中国哲学文本的翻译都会发生问题。不但在道家和儒家的经典上，在中国佛学的经典文献中也经常出现这样的翻译问题，如对天台宗的经典《妙法莲华经》的翻译也不能通过分析哲学的批判。

必须深入理解中国哲学，包括深入理解中国哲学文本中所包含的丰富的潜在的分析性，也就是可以用分析与综合展开的诠释性。其实这也就是中国哲学发展的一个基本途径，从古老的《易经》经文文本及其符号体系，再结合哲学思考者的现象观察与整体反思，乃产生了《易传》，作为对《易经》经文的解析与表露。首先，哲学思考者必须深入思考整体现象，进行一个整体性的认识。然后再检查此一整体现象中的部分为何，以及如何整合联系为一整体。如果还有文字文本需要参考，也必须要纳入到实际的考察与体察的经验之中。由此，形成一个整体性的综合性的体系。然后细察其脉络所在或建构其内在元素的各种关系，形成一个分析的意义网络。再就逻辑与语言来寻求其概念中的关系与语言的表达方式。总之，此一基于现象与反思的综合经验，是我们重新理解的开始。在此一经验中，分析即蕴藏于综合的形象之中，再对原始的文本寻求相关的对应。此一对应很重要，因为必须假设原文也是在一个经验与体验的整体观照下构成。而我们所谓的语言，其实就是一个分析性的表达工具。因此，在语言表达就已经具备了一个分析的形式，再经过整体思考与综合，自然可以达到一个新的认识，以符合更多的经验，显示更多的意义。所创设的语言，自然应该包含符合原始的语言的表达，而给予它一个新的形式。此一过程中，整体体察、概念综合、语言分析与逻辑检验，是构成一体的整体思维方式。所谓分析，也就成为整个意义创造与表现的一个自然部分了。如此我们了解了分析哲学，不仅是分析方法，也是一种实质的理解状态与同时进行的诠释活动。由于时间久远，古代传统中国哲学的文本本来具有的本体性并不明显，往往因语言的方便而隐藏于内。在近代语言强调明白意思表示的要求下，自然一个分析的重建如上所述是可能的。透过综合分析与重建，给予一个文本新的表达形式，这是分析重建的重要目标。此处说的综合分析重建，其中综合与分析可以看成是同时进行的一个活动，在综合经验的过程中，已经看到分析的内涵，同样在组合分析的内涵为整体的语言表达中，已经实现分析整体化的综合成果。在这一个过程中，我们也必须说我们参照西方的哲学体系以及其内涵的分析方法，对中国哲学的重建自然是有利的，因为这不只是一种模仿，而是一种提醒，能够借助西方的哲学释义，来更明显地更整合地表达中国哲学的原意。

我此处说的原意，并非作者的原意，而是经过分析诠释所呈现的原意，代表不同诠释者的分析综合成果。无疑的，分析并无绝对的范本，也不能做出最后的意义决定，而只是相应于已有的经验与形式范畴，结合当前的现象与问题来表达原来文本的含义。而此含义即为思考者客观思考问题，整合经验的成果。可以具有不同的形式，也可能得到不同的结论。因此，我说的分析的重建，作为诠释的成果，是可以不断再诠释的，也就是可以不断再分析再创造的。每一个时代都有其经验的内涵，也有其可以表达的逻辑形式。早期的中国哲学正如早期的西方哲学一样，并不必突出分析哲学的概念，但它自然包含着一个分析的形式结构，却是值得我们重视的。在西方哲学的柏拉图与亚里士多德，我们看到分析作为思考方法的应用，而在中国哲学如墨子、孟子、荀子，甚至庄子以及公孙龙与韩非子，都具有语言表达的分析性，可说是“文理密察”井然有序的。甚至也自然地包含了逻辑推理的应用，而不必自知。后期的墨辩的发展，是一个全面性的分析思考的努力，可惜没有受到后人的重视，以为中国哲学缺少逻辑或逻辑分析精神，这是一种错觉与误解。在近代“五四”以后，中国思想者迷失在对西方的崇敬中，而忘怀中国哲学不管在先秦或在宋明所具有的哲学分析精神。这种迷失也可以称为一种遗忘，一种丧失。由于此一遗忘与丧失，也就疏远了中国哲学，而不知中国哲学的世界性的重要性。此一重要性正在其包含了潜在的理性分析精神，更包含了其独特的整体综合精神，而此综合即在分析之中，正如此分析即在综合之中。目前所需要的就是一种脚踏实地的中国哲学的综合分析重建，或简称为中国哲学的分析重建。本体诠释学认识到此一问题，进行本体的分析也就达成了本体论的哲学基础与方法，为重建中国哲学提供了一个有效的有意义的出路与架构。

人的思考过程：分析与直觉之关系

我们可以从康德对西方认知哲学的重建上看到分析方法，无论是逻辑的还是语言的重建作用。这一重建被称为西方的知识论或未来形上学工程。首先需要注意什么是康德分析的基础和被分析的对象。显然康德在《纯粹理性批判》中讨论的直觉的公理性（axioms of intuition）是分析的重要基础。我们长期经验逐渐形成的观点是“直觉的”被认为真。其次才是我们现在感受到什么，即是感觉学（aesthetics）所研究的对象。最后则是分析被我们感受到的概念对象或语言命题；这是为了要相应于一个更深沉的直觉。我将直觉与分析做一对比：分析是分析直觉或直觉所形成的概念，但并不是表示分析要把直觉取消。分析的目标是要重新说明直觉、扩大直觉，使直觉包含的内涵清晰明朗。分析当中可能产生思考的或语言的幻觉（dialectical illusion）。一个重要的问题是辩证的论述是否必然产生幻觉或错觉。这涉及中国哲学是否有它所直觉的本体对象的问题。牟宗三对此问题十分警觉。他甚至认为，假如我们不能认识本体存在，整个中国哲学就要崩溃。事实上，这也是西方哲学的问题。如果西方哲学不能认识最后真理是什么，那么西方哲学也面临着重大问题。哲学难道就只是在做语言分析的游戏、概念的游戏吗？我的回答是无论中国哲学或西方哲学，分析论证甚至于逻辑辩证都不一定以产生幻觉或错觉为结果。分析或辩证投射了或预设了其分析和辩证的理论对象，而不一定称为幻觉或错觉。黑格尔应用辩证法得出绝对精神的结论，而我们当然也可以基于对整体概念的分析与动态过程的辩证，得到一个动态的创造性的生命之流的本体，如《易经》哲学所彰显的。我们的要务是要重新认识西方分析方法的本质，中国本体哲学的本质，以及它们之间的动态关系。

我总结出三种西方的分析方法形态，并认为此三种分析方法形态是西方追求真理时所进行的思维方式，代表西方哲学的方法论以及其存在论与知识论的创建过程。当然这其中包含着其他枝节和衍生的关系。

诠释学、本体诠释学与现象学

分析方法不但对诠释学十分重要，对当前西方哲学中的现象学也有十分重要的意义。20世纪初，胡塞尔提出了“现象学”（phenomenology）的概念，事实上他发起了一个哲学思想的运动，影响颇为深远。主要是他认定事物的表象为人的意识所反映，而意识既具有意向性，则事物的表象必然有一个物自身的意向。因此，如何从经验的意识中还原物质存在的真相或自身，就是他要从事的分析思维活动。对于意识的这一认识，是与笛卡儿不相同的。笛卡儿以事物为人的感觉对象，直接从感觉中可以掌握事物的真相，并没有涉及人的意识作用。胡塞尔建立了此一追求物质真相或真理的思维途径，因此也就开辟了多种可能的思考。他的现象学集中在排除自然影响的基础上，如何能够从意识中提炼出纯粹的理念，以之为对事物真相的先验反射。这就是他对笛卡儿认识论的一个重大改变。至于如何建立一个先验的真相，他提出了排除自然联想概念的方式。此一方式胡塞尔在其《现象学的观念》一书中名为悬置（epoche），也就是刮除法，用括号要思考者把和一个意识表象的有关联想、假设与信念和记忆放在一边，使意识中的表象呈现出它自身的真面目。但如何进行此一表象的去自然化联想呢？这就是一个重大的问题。因为作为意识表象，表象的意义和概念是很难与对这个事物的经验分开的。譬如我们看到桌上一支笔，我们怎么样能够不涉及对笔用途的理解或对笔构成的理解，又怎能不涉及此一特殊笔的实际用途？笔，是一个摆设，以及对此笔的主观感受、感情与记忆。当我们把这些有关的对笔记忆的认识取消，一个纯粹的笔的形象对我又有什么意义呢？

事实上，我们称笔之为笔，正是因为我们能够把笔与其他事物分开，而且能够在一个处境中或历史中突显这个笔的特殊性与一般性。特殊性与一般性事实上也很难分开，正如怀特海所说的特殊是一般的特殊，而一般是特殊的一般。两者很难分开，这是我们对笔的命名所涉及的原始处境。除了这个原始处境之外，还有什么更原始的笔的表象的意识来源呢？难道是我们意识自己的无中生有吗？当然我们可以想象一支笔，也可以在梦中看到一支笔，或在一个文本的陈述中知道一支笔。但除了这个想象，这个记忆，这个梦，这个记述，这个笔能够是突然呈现的吗？这的确是一个难题，也就是胡塞尔所要强调的难题，如何从意识的笔的表象中认识到笔的真相。而这个真相如果在剥去与其有关的联想或网络中的关系，它是否存在或它是否以别的方式存在，变成一个重要的问题。但胡塞尔坚持我们要尽量排除有色的眼镜，尽量把一个纯粹的表象还原为或凝聚为一个整齐的先验理念。也许，他要做的工作就是继承柏拉图从现实世界中回到理念世界中的理型吧。

由于此一了解的困境，现象学此一意义的发展，我认为从开始就有了分歧。因为人们可以尽自己之可能来排除影响，而最后得到的表象意识存在就成为思想者的意向的存在，也就是成为一个意向之物。而并非有任何更基本的本体性的内涵或本质，也就是说它并非一定是柏拉图的理念，而可以是布伦塔诺（Franz Brentano，1838—1917）所说的意向性的非存在的存在体（intentional inexistence）。而所谓意向性的非存在的存在体，不但可能在实际上没有客观对象可言，就是在心灵上，也只是一种意向的活动而已。胡塞尔基于此来确定一个本质的存在，也就显得特别的出奇。

在1913年，他写的《观念》（*Ideas*）一书，他表示现象学追求的是一个超验的主体性（transcendental subjectivity）。因之，他说的意识的表象是指向这样一个超验的主体性，可以既是意识表象的不存在的存在条件，也可以是超越主体性作为条件引申出来的不存在的存在。因此，可以做出应该有的诠释，把它看成是一种纯粹的本质，也就是纯粹思想的本质。但问题是作为诠释的对象，可以有另外的诠释，而不必限于本质主义的提法，这就开启了海德格尔的新的诠释途径，把胡塞尔的现象学带向另外一个方向，也就是认识到人的存在的本根性的存在情感，其中包含焦虑及其他因存在的空无性引起的消极情绪。此一现象，当然更需要从一个冷静的反思中来进行理解，也就开启了一个诠释的道路，这就是海德格尔的诠释的现象学发生的途径，与胡塞尔的描述的现象学几乎完全相反。从诠释的现象学走入诠释学也就更为容易了，到海德格尔也就成为胡塞尔的反方向发展者。

在我们讨论诠释需要分析方法之前，我们可以先行提出一个“包含的现象学”（inclusive phenomenology）概念，以对应胡塞尔所说的“排他的现象学”（exclusive phenomenology）的概念。排他的现象学在排除与现象本质无关的信念和判断或假设，但包含的现象学却可以被认为包含任何有关出现在意识中的表象的任何内外在因素的认识信念与假设。事实上，当我们用感官摄取一个现象的时候，我们会自然注意到围绕此一现象的诸种环境因素或处境背景因素。我有一个基本经验，可以用来说明一个意识表象中涉及的各种因素。有一次我到一个陌生的城市，按照我被告诉的地址去找寻一个开会的场所，自然我必须找寻其在城市哪个区域、哪一条街道以及街道的哪一部分。我按图索骥找到了那条街道，是我区分不同的门牌号找到的。但此一门牌号码很难认识，而且在那个门牌的大门上又贴了一个指示前往的另一个场所。找到之后，我又必须先到另一处见一个朋友，我的问题是怎么再回到这个地址，而不会错过。因为这个地址太多不同标志，也太多彼此相似的门面。我离开之后，从另外一条路回来再找这个地方，就一直找不到。不但找不到原址，连其前后的标志也都找不到。但是我记得在路口有另外的一些标志，而这些标志也都不完全相似，也有很突出的标志，对找到这条街道有决定性的作用。但这个标志要从一定的方向看才能很清楚，所以我虽然从这个方向没有找到入口，但在返走的路上，也就是我当初来的路上注意到这些标志，尤其那个突出的标志，让我马上又认识到那条街道，然后再找寻那个大门，最后终于找到我要去的地方。显然，没有众多的标志突出一个特点，我是很难再回到已经找到的地址的。

此一生动的经验例证，说明我们只能在众多的表现中去认识我们要去的目的地。如果这些表现都全部排除，我们也无法找到一些标志来寻求要认同的目标。因此，我当时的结论就是尽量理解一个目标的整体环境，对它形成不同的假设或判断，然后依此假设与判断，找到我要找的目标的环境，然后从其环境中找到目标。这一个例证，正好说明一个意识中的表象认知，是依靠诸多环境因素的，也属于此一环境中的一部分。我们有了整体的认识，才能够缩小范围，逐渐认识到一个焦点目标。假设一开始就排除有关环境因素的信念与判断，只依赖对表象的单一的直觉，我们无法在众多经验中重新认识此一表象。这样一个包含的现象学经验，我认为是实际经验现象的具体情况。为了单一化或纯粹化表象，排除这些有关的经验或经验假设，对重新认识此一表象具有重大困难，因为我们不知道一个独立的意识表象是我们已经有的表象或是新的表象。也许它可以是普遍性的概念，它也不能排除自身具有的时空特殊性。因此，排他的现象学最后将无法认识表象的同一性。当然也无法更进一步认识它所可能牵涉到的各种因素，使它具有的意义彰显出来，唯有透过众多经验的收集，再经过对经验板块进行分类与分析，最后才能更好地确定一个具有普遍性，也具有特殊性的意识表象。我的结论是，包含的现象学更接近我们平常生活的经验，而一个包含的现象学也自然包含分析和分类的可能，离不开理性或逻辑的分析。另一方面，却又必须还原到具体的实况，才能真正掌握它本质的含义。而所谓的本质，也不会变成虚构。

关于这样一个理论的认识，当然也可以用在笛卡儿对方法的分析上面。笛卡儿认为，我们必须把复杂的概念还原到最单简的概念，然后从单简的概念中认识一个事物的真相，而不只是表象。从表象到真相，需要掌握整体的经验，也需要进行相关的分析。**有了表象的真实性，我们要进行对它意义的认识，就不得不进行诠释。而所谓诠释，也不能是空穴来风，而必须借助经验。**尤其是意识表象所缘起的经验以及所呈现的具体环境因素与背景，包含我们可能已有的信念与判断，然后才能够做出恰当的有关的诠释，彰显表象的意义。海德格尔显然认识到这一点，所以他强调经验“前解”（pre-understanding）这个概念，作为对存在理解的先决条件或辅助条件。伽达默尔继承了这个传统，并强调前解应该包含我们已有的预设甚至情感与信念或态度。伽达默尔因此提出，理解的开放性与开放空间的认识，并强调透过对话来实现一个概念的诠释的可能性。诠释是对事物新的理解，也就预设了对事物经验地前解以及对前解的分析。而对话则更进一步动态地把理解的可能性体现在一个发展中的对话开放空间里面。他的“视域融合”（fusion of horizons）就代表了一个表象的理解，不只是在众多经验中找寻一个现象的同一性，而且在对话的过程中重建或构造新的认识。

伽达默尔的诠释学是建筑在开放的经验空间之上，可说接受了一个“包含的现象学”，也预设了一些分析方法的应用。他的诠释概念在开发我们经验表象的意义，不只是意象性的，而且是实质性的。正因为我们经验世界事物往往不直呈真相，因此必须透过一个诠释的过程来建立真相。另一方面，本体诠释学除了接受一个开放的经验空间，以寻求一个合乎需要的意义诠释，更进一步把诠释的主题放在主体自我内涵的思维活动之中，使它具有客观性或主观性或整体性的意义。当然这是一个创见的工作，也必须假借包含的现象学与概念分析的分析方法，来完成诠释的理论建立。

从以上的标准来观察当前中国哲学学者对现象学的应用现象，一个基本的感受是他们对现象学的应用方法并不十分清楚，往往有误解现象学方法的情况发生。在叙述或诠释中国传统的哲学概念或思想之时，不知道背景经验的关系性，也不了解分析方法的相关性，因此使描述与诠释无法清楚地分开，所做的结论也就缺少深刻的意义了。我在此无法举出具体例子，只是盼望在研究中国哲学的过程中，我们能够充分把握现象学分析方法与诠释学的相关性，对中国哲学的重要意义做出具有启发性的诠释或描述。

西方哲学发展中的分析三态

1）具有经验性和科学性分析的亚里士多德（前384—前322）哲学

第一类分析的形态我称之为“具有经验性和科学性分析”的亚里士多德哲学。亚里士多德哲学针对柏拉图的存在二元论，强调观察世界，说明外在世界真实性，尊重具体事物，至少要有一个能够和世界现象抗衡的真实存在状态。这在后世变成一个很重要的传统。亚里士多德的分析是基于人的基本经验与语言来进行分析的活动。它的目的在认识什么是真实的世界。我们在此看到西方的分析方法早期的表现形式。透过亚里士多德的模式，可以看到世界有何事物存在，有何对事物的感官经验；又如何透过人类的语言去理解此一世界事物。我们要直接观察这个世界，甚至考察我们归纳与演绎的方式能否形成一个系统。为了系统化的需要，亚里士多德建立了十个概念范畴：实体（substance），数量（quantity），性质（quality），关系（relation），地点（place），时间（time），位置（position），状态（state），活动（action），遭受（affection）。这十个范畴完全是经验观察分类归纳的结果。其基本观点是从一个开阔的视野来进行事物的分类、审查与组织。当然，他很看重语言和以往历史上的经验。他的分析不是离开经验，而是针对经验的组织与构成。无论物理学、天文学，还是心理学、形上学、伦理学，都没有离开经验。形上学是在归纳物理学或心理学的基础上的再度反思真实，概括和深化，形成更系统化的说明，用更好的形式表达。无论是其实体论，或因果论，或四因论，或目的论，都这样处理。他从外在观察带来的结果甚至衍生到修辞学、政治学。此一观察与理性组织得出的方法在分类求实、组合求全，说明了一个主要事实：分析是以建构一个系统的、完整的、理性的知识为目标，提供给我们一个认识世界的架构。亚里士多德哲学的分析方法导向现代科学的基本思维方式，也是建造对外在世界理解的方式，是一个前期科学的方法论，也为后世科学提供了一个形而上学的基础。

此外，亚里士多德的学说还包括对“一般语言”（ordinary language）分析的方法基础。“一般语言”分析在现代社会科学和知识论中被广泛讨论。例如，穆尔（G. E. Moore，1873—1958）从一般语言的用法上反驳黑格尔的唯心哲学。穆尔分析一般语言的用法与含义，并确认其具有一般的知识性与真理性，从而反对把语言中的经验事实看成是精神对象或精神存在。他称为常识的知识，就是我们日常生活中应用的共同知识，是经验赋予的存在，而非精神演化出来的对象。他以此一常识实在论的立场，举起一只手来表明手就在这里，以此强烈地驳斥黑格尔的唯心论。当然这也带有一种英国经验主义传统，反映了从休谟到穆勒再到穆尔自己的常识经验主义。后来从奥斯丁（John Austin，1911—1960）到后期的维特根斯坦都受到此一传统的影响。

亚里士多德语言与逻辑分析成果在建立实体概念，呈现一个经验的也是理性的真实世界，就本体诠释学来说，实体与本体可以相互界定。但实体重视当前的体验，而本体注重从根源到实体过程形成的认识，因此本体诠释学与亚里士多德的实体哲学可以有多方面的相合，但在宇宙本体的发展上，本体诠释学有一个本体宇宙论的基础，而实体哲学只是以实际的观察方法为基础。其次本体诠释学强调实体的多重多样及个体性，体现在一个理一分殊的动态的发展过程中，如《易经》的阴阳卦爻系统所表示。再者，本体是太极，包含阴阳两仪，也就是两种相互依存而又对立和相互补充的动力存在，各自保有特殊的内在关系，同时也具有整体生生不息发展的活力。其统一性中的阴阳是此一生生不息运作的机制，代表有无、动静的内在创造潜力。因此我们可以说，本体诠释学的本体不只是实体，而且是生命性存在发展的基础，也是人的理性反思自觉的对象，具有内在发展的创造力。

2）先验的分析：康德（1724—1804）

第二类分析表现为批判的、先验的分析形式。我把康德作为这类分析的代表。它强调我们有了外在知识之后，还要追问是一个如何认知的过程。人所了解的知识是否真为人所知？外面的世界是否真的存在？其存在的基础是什么？此类追问也许可以溯源于早期希腊哲学发展的一个基本因素，即所谓皮浪主义（Pyrrhonism）。皮浪主义是皮浪（Pyrrho，约前365—约前275）提出的怀疑主义。皮浪提出此一怀疑观点，当然与当时的政治环境有关，让人们无法安于现状，导向柏拉图理念世界与现象世界二元对立的宇宙观。同样，在近代西方自然科学的革命时代，新时代的动荡也导向科学家、哲学家对传统宗教信仰的质疑。事实上，世界的变化是不断的，由于世界的变化，西方哲学永远都有一种因外在世界变化而产生的怀疑。但产生的怀疑却能促使人们去进一步地理解世界与宇宙。

康德在形成自己的理论之前，面临着当时整个自然科学的新发展，以及对休谟经验怀疑主义的震惊。但面临着从莱布尼茨等人那里吸收来的对人地位的积极肯定，康德追问人类到底知道什么，能够知道什么，应该做什么，以及能够希望什么。具体而言，康德要问人如何认识自然真相，人何以以及如何发展道德与伦理，甚至问如何理解人的存在，何为善与自由等问题。他提出的分析方法，即先验分析（transcendental analysis）的方法，用以确定基本理念的前提与条件。康德的目标之一是批判错误的外在存在概念。由于亚里士多德的科学解释不能给他一个可靠的、可信的、完整的存在概念。因此他要批判现象，追查真相，先批判再建立。建立的方式是回到概念的活动，透过人的心灵对概念的认知状态进行分类与连锁，形成理解的范畴，从性质、数量、关系与模态四方面发展了十二个知识范畴，以为知识必须符合的基本条件，并重新确定知识之所以为知识。这是欧洲哲学发展以来的另外一种分析形态，可称之为内在性的形态（internalism）；而亚里士多德的形态则是外在性的形态（externalism）。

康德要重建对世界的知识，赋予它以普遍的形式，并找到其有效性。在这样的问题前提下，他的分析强调普遍性与必然性，同时他也允许理性的想象力，以达到对存在形式之时间与空间的直觉认识。他认为时空只是人的心灵直觉存在的方式，不是经验概念（empirical concepts），而是先验的存在前提。他在他的《纯粹理性批判》一书的感性论（aesthetics）中解释时空作为直觉的形式，是人对所有在时空中发生的事物的“先验”（a priori）基础。他并从五个方面来说明纯直观时空具有的先验性。这五个方面非常重要，强调了人必须有先验的普遍形式，才能说明人所理解的事物在时间和空间中的经验。因此，他对时空的理解的深化程度显示人的内在性的深度，也是人的概念内在化的说明。这种内在化的处理方式同样被运用到他的范畴论上。这可以从他对四个二律背反的解决上看出。我归纳康德有七个二律背反：第一批判中有四个，第二批判中有一个，第三批判中有两个（即美学的二律背反、不定论的二律背反）。康德在《道德形而上学基础》中认为人们要打破日常对道德的认识，从一个先决条件的观点来确定道德的本质。他认为人类道德意识的形成没有任何外在的条件，只有自身内在的条件，是人类自由意志的一种实现。

我在2002年美国哲学学会康德论题中，提出了一个论述（参考我后来发表的论文“Theoretical Links Between Kant and Confucianism: Preliminary Remarks”，载《中国哲学季刊》2006年33卷第1期）：康德受到儒家的影响。这表现在他关于人的自主性（autonomy）以及自由意志（autonomy of free will），即人的自由意志的主体性、自主性的学说上。康德思考哲学问题的时代是孔子哲学传入欧洲的时代。当时由传教士Philippe Couplet（1623—1693）编写《中国哲学家孔子》（*Confucius Sinarum Philosophus*，1687）一书在欧洲出版流行，影响了莱布尼茨及其他欧洲大陆哲学家，莱布尼茨影响了他的学生沃尔夫，而沃尔夫的学生又影响到大学时代的康德。儒家如孔子强调人的自主性，认为人的自修经过反思与实践，能够成就随心所欲的意志自由，并建立人能弘道，非道弘人的精神主体。康德由此有所自觉，也强调人的自主性和内在的自由意志。有此自由意志，人方能建立道德律的“无上命令”（categorical imperative），从而发展出一套新的义务论或责任论的伦理学。他的这一结论，也许并不直接涉及他的分析方法，但他批判传统道德以寻求道德的纯粹理论基础，体现了批判分析道德问题的重要性。至于康德在他理论的建设中出现了一些矛盾，如“物自身”(thing-in-itself）的概念，只能思考而不能认知。为何不可以看成世界现象所隐藏的整体真相，与现象联合一致？认知现象即是认知真相之一部分，又如何不可以把它看成是主体的创造而非必须是独立的客体存在？其次，他也面对如何从德性中成就善的价值，以及获得快乐与幸福。对此，他的分析确认人有追求善的意志，但人是否因为善而获得幸福却未能保证。为了解决此一问题，他的分析从一个预设条件的观点预设一个无所不能的上帝，仍然以传统概念的上帝来保证福德一致或善福一致。在康德《单纯理性限度内的宗教》(*Religion Within the Limit of Reason Alone*）一书中，他尽力论证人类必须需要上帝，这是与他早期强调人的意志自主性相违背的。在此问题上，他与亚里士多德不同：亚里士多德把人的沉思永恒存在作为快乐的源泉，并不假设一个外在的上帝以为行善德福的保障。总之，康德在他长期思考与观察人类社会的经验中，他的分析思考总结在一个外在性的存在真相的假设中，而无法转换此一假设为实际的知识与理解。

人的内在性的认识是中国哲学非常重要的追求，无论儒道都强调人存在的内在性，亦即人内在的品质与能力，并由此来认知世界与自我的存在，再进行具有意志性的规范，形成中国的知识体系与伦理价值体系。儒道两家均来自《易经》中易道的传统，易是宇宙变化性，而道是此一变化性呈现出的规律性。道家更重视宇宙自然的变化性，而儒家则更重视人在自然中的自我规范性，因而道家形成了道家的道的概念，而儒家则形成了天地一体之仁的概念。如此观之，从《易经》到孔子《论语》与老子《道德经》的提出，本体诠释学中的本体概念，基本上已有所确定。本体即天地之道与人性之仁的统一性的存在，也就包含了对自然世界客观的认识的可能，以及对主体自我主宰的可能。此一本体的认识，从人到宇宙，从宇宙到个别生命，都可以有其参与，因之是最根本的、最普遍的存在范畴。此一本体的概念，显然是概念与经验分析而后综合的结果，也可以说是自然的整体体验中分析出各自体验的客观性存在与主观性存在。这一理解我称之为本体存在论的理解，它与亚里士多德的分析方法与康德的分析方法有何关系呢？亚里士多德从经验中认识到实体是认识客观性存在的方法，而康德则是从经验的条件中认识到主体性的存在的方法。在易学早期建立的过程中，我们注意到，既有客观观察的观的体验，又有主管反思的观的体验。结合观感，形成了一个整体的存在理念，此即本体的理念，彰显了主客统一为一体的具体感知。但古人并未发挥此一内在的分析与综合的体验，一直到近代我们才有所觉知。有此深厚的经验基础与丰富语言的基础，我们可以从易学的观点来认识亚里士多德与康德，而不只是用亚里士多德与康德来分析理解中国哲学。易学提供一个分析而综合，综合而分析的立场，因此我们可以用易学的此一立场来综合地理解西方知识论与存在论，以及其哲学思考的精神所在。这里我们看到一个中西相互理解与相互诠释的可能，在此一相互理解与相互诠释的过程中，实现一个不断扩大的本体诠释的诠释圆环。从中国哲学潜在的分析与综合立场，亚里士多德的实体哲学是客观观察的结果，而康德的知识理性与物自体则是主观认知与想象的结果。两者若能整合起来，极有可能形成一个更为完善并相互关联的知识体系与价值体系。有如易学中我们看到本体存在与主体存在以及主体存在的道德存在相互关联一样。

中国的儒学发展到宋明的理学与心学，词汇更为丰富，概念更为细致，无论是二程或张载，朱熹或王阳明，都具有深刻的本体概念。在本体的概念中分析出主客的相应，以及相互统一的创造性的发展。本体诠释学提供了这样一个中西对比互释的框架，同时也建立了一个相互理解与文本相互翻译的可能性。两个传统的沟通也就有其内在的规范，而不是盲目的碰撞。当然这一个过程还需要逐渐精密化，也代表分析方法与理解方法逐渐多元化与整合化的可能。

基于康德综合与分析的方法来看，本体诠释学提供了一个转化康德物自身为本体存在的可能。所谓物自身，就是结合主客体的一个统一存在体，不然也无法就其自身进行思考，因为它不包含任何内容，其存在只是一个空无。如果做了此一转化，康德哲学中的纯粹理性与实践理性，也都可以统一起来。在统一中实现创造性的美感经验，并突显一个具有高度目的性的理想世界。我称之为上帝，或称之为太极都无不可，只是不能把一个终极的理想世界狭隘地化约为人的有限的内在性与外在性。终极的本体中，理性与直觉也同样获得有机的统一，直觉离不开理性的分析，而理性的分析也不能不归纳于整体的直觉。在此认识下，当代科学与哲学或科学技术与人类艺术，也都可以取得一个深入的统一性，为人类的继续的创造性提供了一个本体宇宙论的基础。而本体宇宙论也有一个以人为中心的创造价值的活力，体现了本体中的无限可能性，不但为实际的知识体系提供了一个规范性的架构，也为本体实现诠释提供了不同的诠释可能，显示出诠释性的创造性。

3）名言化建构的分析：蒯因（1908—2000）

第三类分析形态是逻辑名言化建构的分析，代表者是当代的蒯因哲学。蒯因强调纯粹逻辑的分析，事实上预设了一个简明的公理系统的创建来实现多种经验语言的表达。因之，蒯因强调对存在有效定义的重要性，把存在看成是命题函数中变数的值，也就是从语言的实际应用中，整合为一个具有真假值与指向性的命题或语句。他注意实际对象的存在必须符合一个简化的原则，也就是明确地表达一个存在的同一性为何。他要用“奥卡姆剃刀”(Ockham's Razor)来减除不必假设的存在体或概念，如我们语文中的一些抽象或方便表达。这个减除方式使蒯因设定了一个明白开朗、事物分明的经验世界，在客观上用科学知识来加以规范，在主观上要求知识者服从简化原则与基本的逻辑思考。基本的逻辑包含了命题真理逻辑以及其延伸的谓词逻辑，此一简化的理性宇宙作为真理函数与谓词逻辑推理的基本场所。他的逻辑建设在少数的逻辑运作符号之上，首先引进联合(conjunction)与否定(negation)两个运作符号，然后界定其他逻辑的运作符号，如选择(disjunction)与物质蕴涵(implication)以及等值蕴涵(equivalence)。有了此一系列的运作符号，我们可以把语言中所有的意义整合成为相互关联的语句或命题，各具有其自身的真假值而进行推理，做出肯定真假命题的结论。此一体系，相当于把这个自然的宇宙转化为一个有逻辑秩序的整体结构，把其中的变化看成是逻辑关系的推演与发展。虽然我们对外在世界的认知是具体的、经验的，但是经过蒯因的此一整顿，我们的认知也就有了一种逻辑性，我们的语言也就成为一种逻辑秩序的表达，而我们的行为目标可看成是此一逻辑化的自然一个行为体现。当然我必须说蒯因并没有一套实践理性的表述，是与亚里士多德完全不一样的，他尊重的是自然宇宙的逻辑表达，而他也希望逻辑地表达是符合真实的自然秩序的。这个分析的方法是整体论的，也具有约化论的元素，因此对人的心灵现象与人的道德现象的生命经验无太多关注。因此我们可以认为他的分析方法不但结合了亚里士多德与康德，而且把它整体化成为一套分析而又综合的逻辑与系统。而他所代表的存在的认识，则是纯然的客观存在，而非任何主观的本体存在。他必须和一个本体存在的主体结合为一体，才能成为一个本体的体系。在本体诠释学中，面临客观的世界的问题，如果我们采取蒯因的分析方法，由于其整体性与现在性，更能表达客观存在之所在。认识此一存在，再进行主体的评价与实际的经验需求，也许更能形成一个更为合理与自然的价值命题，为我们整体的行为提供了一个客观的标准。

蒯因把自然语言所涉及的存在分别为观察（observation）、意义（meaning）、对象（reference）、真理（truth）以及意向（intention）。对他而言，观察和对象都是外在的，意义、真理可以是内在以及外在，但意义更属于内在，所谓内在就是建立在意向性的心灵体验基础上，不能外在表现出来，必须透过心灵的感受来表达。在蒯因的《从刺激到科学》（*From Stimulus to Science*，1998）一书中，蒯因把作为内在性的心灵语言撇开，不作为真理或知识考察的对象。所谓心灵语言，就是有关心灵活动如疑信、喜恶、想象、假设等表现出来的命题态度（propositional attitudes）。由于心灵活动仍然包含或针对一个存在命题，但所涉及的存在到底有何地位，却是难以决定的。蒯因并不承认此一命题态度所涉及的存在地位，基本上把它看成是一种主观的臆想或虚构的形象。他想把这些不实际存在的心灵命题对象剔除于实际存在的世界之外，而是存在于人的心态之中，为纯主观的概念或意念存在体。因之此类命题不能有真理值，而可能只是一种主观的心理活动而已。蒯因要把这些语言孤立起来，用他的所谓“语义晋升”（semantic ascent），即把用语中涉及客观事物的语句与涉及主体意义或意向的语句分开来。因此所谓心灵态度命题，并无客观的真假值，而只是一种心灵意义的发出，属于不同的概念系统。然而就整个宇宙来说，自然的事物之外并没有概念系统独立存在，因之心灵的存在是被否定的。蒯因也许在早期还比较同意心灵意义的模糊存在，但到后期却把真理看成只是外在性的而无内在性。这是他从 1992 年的《真之追求》(*In Pursuit of Truth*）一书中保留某一程度的内在主义的真理论者转向为彻底完全的外在主义的真理论者，并以未来的神经科学的研究成果作为可以消除内在存在的依托。但在这个极端的外在化主张，却导向他的“自然化知识论”(naturalized epistemology）的一个矛盾。此一矛盾在一方面消除心灵知识的作用，另一方面却在我们日用的自然语言中引用心灵的知识能力。对他而言，心灵的活动就是大脑的活动，也就是脑神经原子的活动，并没有一个独立的存在。人的身体才是人的主体，此一主体以物质性质为主，但也可以兼及心灵性质，也就是心灵性质附属在物质性质之上。因之，所有意义体系都附属在物质的性质之上，只是没有提出何以如此以及何以理解心灵语言的作用。事实上，蒯因对心灵意义的产生并不直接否定，而是把它圈定起来，成为一个括号中的引用词（quotation）。括号引用词只是语言的一部分，并不指向实质世界的物体。但人们仍然可以用语言来沟通意义，对括号的应用仍然有一个意义的理解，当作一个假设对象，来进行沟通与对话。心灵语言存在于人与人的心灵空间，事实上构成人的共同思想的意义空间。人的心灵能够进入此一心灵空间，不但能表达意义，而且能沟通意义。虽然此一心灵空间不能实指，但却可以构成实践行为的动力，使人的心灵活动包含对话活动，成为行为的动机或指向行为的目标，也就是使人的行为成为可能。可以说人是一个转化物质语言为心灵语言的枢纽，也是一个转化心灵语言为实践行为语言的枢纽。此一转化的可能，就在人之为人具有创造性的心理活动，从物质层面提升出来。总结来说，虽然意义并不指向真实，但它却是人内在性的一种能力，而不可忽视其重要性和实际的效用。本体诠释学肯定此一内在性的重要，并与外在性相辅相成，统一成为一个实际的人的知行合一的存在，也就是本体的存在。在这一点上，我和蒯因是不相同的。蒯因否定了心灵，只认识外在性的自然存在物，而不讲究内在性的自觉。但如果没有此一自觉，人又如何能够肯定外在性认识世界呢?

再强调来说，蒯因的分析方法是对自然世界存在结构的理解基础。但他的成果却是与本体诠释学相对立的或相反的。因为他强调外在主义，而又导向主客二元分离主义。但其分析方法却可以看成是中性的，可以用于外在世界物质的重建，也可用在内在心灵世界的重建。因为它只是一套简明有效的逻辑学，可以把主体或客体语言以及本体语言进行一个整体的秩序化，使一个体系具有不同的层面，并保持层面之间的转化关系。本体诠释学不排除外在主义，只是强调内外并存，合二为一，而所谓内在外在乃是就存在的层面来决定，而不是就知识的方法来决定。我们可以有直觉的外在真理，也可以有直觉的内在真理。内在真理也并不排除一个相应的外在对象，同样外在对象也并不排除一个相应的内在经验，因此可以说心中有物，物中有心，心物统一于一个整体的存在之中，然后再分为外在所指和内在所指。甚至在文化信仰上，一个外在超越所指，一个内在超越所指，也可以形成一个上下左右彼此协调相应的概念体系，而人与人的行为也可因为所接触到的内在外在意义的所指，来决定他的目的性或价值性。

蒯因的分析方法导向分析的诠释，但也促进了诠释的本体性的认知，也就是在进行语言思考时或表达时，基于已经取得的分析知识，要求条理分明，意义结构突显，直觉地对存在的整体性与其方式的认知。在这一点上，上述伽达默尔的诠释哲学似乎也不否定，因为伽达默尔强调真理的认知不一定需要突出方法，用方法来决定认知的对象，也就是真理。而且有些真理从伽达默尔来看，并非方法能够决定，而是在语言应用中体现。因此，我们只能从事实上来认定是否分析方法能帮助我们决定和认清真理或真理知识。显然，我们在经由语言认知事物之时，尤其在认知整体事物存在的可能，我们的认知理性就是我们的方法。事实上认知过程就是一个方法，包含了一些遵守的规则，因此也就可以说方法已经存在，只是不突出而已。伽达默尔所反对的应该是现代科学分析演绎与假设的方法来建构知识，而非所有领域的知识与真理都必须有这样一个科学知识分析演绎的建构过程。本体诠释学基本上认同这个观点，因为本体真理存在的方式是多元的，而并非所有的呈现都是自然科学和分析方法所必须承担的。伽达默尔《真理与方法》一书着重在艺术、美学、法学、史学与语言学的真理显露，不同于物理科学中的方法学决定的真理建造，这个认识不但本体诠释学从本体呈现及诠释反思中可以接受，蒯因在严格分别内在主义和外在主义的基础上也应该可以接受，因为自然语言的用语是多元混同的，正像我们的生活世界是多元混同的一样。

蒯因所举出语言翻译也就是多元混同的一个具体例子，翻译可以经过分析的处理，综合成为另一种表达方式。不同语言可以有不同的表达方式，针对不同的对象与语言的应用者。翻译在于如何把此一语言的描述转换成另一语言的描述，透过语句的逻辑分析，认识对象所指与意义所示的差别，解决一些意义上的含混现象，使听者与读者都能取得作者或说者所表达的语言意义。由于意义的含混性，往往是作者主动制造的情况，只有经过分析整合化之后，才能导向一个直觉整体观察与感受的成果。这样才能导向翻译的意义的一致性，取得读者一致性的理解。当然，如果我们放任自然语言中的含混性，翻译的成果也就可能有重大的差异。为了取得一致性的翻译，本体诠释学接受蒯因所说的分析解句的认知过程。也许此一过程假设了规范性的应用，我们就不能不说逻辑的分析与语言的分析，都具有其内在的规范意识，因而构成一定程度的规范。蒯因指出翻译的意义的不定性（indeterminacy）问题，在此也可以得到说明与解决。

与亚里士多德、康德都不一样，蒯因的分析方法与前面两种分析形态有两处相同的地方：

一、蒯因不是任意就某个对象进行分析，而是针对一些问题进行分析。例如，亚里士多德针对柏拉图，要解决一些历史上的问题。康德面对当时许多对立复杂的哲学观点，要进行理性心灵内在性的分析。蒯因的分析主张，也是因为他面对了当时逻辑实证论发生的各种观点。他在维也纳游学，学习到卡尔纳普把分析命题和综合命题、科学和非科学的命题严格区分开的理论。但蒯因却怀疑此区分是否实际、实用、真实。同时他也怀疑我们是否有能力来把我们所有的经验全部变成逻辑的符号。他提到卡尔纳普在他的《世界的逻辑构造》一书中，想把人类的知识世界变成物质第一性的世界，或感觉材料的世界。他指出马赫（Ernst Mach，1838—1916）也有这样的想法，但是他们都失败了。古德曼（Nelson Goodman，1906—1998）跟进他们的学说，最后也失败了。正是在这些早先的学术背景下，蒯因提出了反对经验主义的两个教条，打破分析与综合命题的绝对划分以及还原主义的主张。我们不需要在此重复他在技术层面上的论证。但他的结论至少说明一点：分析离不开经验。分析只是经验发展的诸多维度中的一个方向、一个结果。同样的，综合也是基于被作为分析的对象而形成的。在这种动态的分析和综合关系中又有综合形成的新概念、新理论、新的整体知识体系。它最终表现为整体性的（holistic）系统创造。他是一个整体主义者。当然，这种区分还可以有分疏：所谓命题的分析性是我们不想改变此一命题的理解，或者很难改变；所谓整体性是面对外在世界的。为了整体性，我们就可以进行一种改变，有利于整体性中部分与部分关系的建立，以及部分与整体关系的建立。这点和中国易学的宇宙论有十分相似之处。有些经验和概念是本源的，是后起结构之所本，能够改变后起的结构而不必动摇根本，是一个基本的存在原则，需要我们尽量去体验与把握。因为它有根本之用，也有终极的说明世界之能。而其他后起的存在体或概念，其变化则可以开放作为交换、补充、改进、变更的条件。虽然蒯因哲学坚持了物质世界的基础或自然主义的观点，但是他在方法论上、建构理论的具体做法上，反而显示出一个更为开放的整体知识体系观。

二、蒯因不只是从还原论（Reduction）的角度观察世界。他也熟悉当代的物质主义或现象主义（phenomenalist）的还原论者，如刘易斯（C. I. Lewis，1883—1964）、罗素（Bertrand Russell，1872—1970）、布罗德（C. D. Broad，1887—1971）、普赖斯（H. H. Price，1899—1984）等，把物质世界看作只是“感料”（sense-data）的集合。罗素用“感料可能性”（sinsibilia）一词，表明感觉经验是一种潜在的存在。但是蒯因认为已经为我们常识所表达的世界虽然只是直觉的概念所指，仍然是一个物质的世界。这一点对他构造一个新的自然主义知识论很重要。因为他认为人们共同经验的观察句（observation sentence）就已经显示我们世界的物质存在，而不必强调观察中的感料问题。他认为如果没有观察句，我们不能构造我们所理解的这个自然世界。建立知识的目的在不断地维护和修正观察语句的客观性，使其最终成为不受时空限制的永恒句（eternal sentence），或可称永恒真理句。蒯因的目标在坚持客观性与共通性的重要性，而不必着眼于感觉资料。他甚至认为，人类的自然语言是建筑在观察句的基础上。基于观察性的知识化，自然语言也可能变成一套科学语言或科学的技术语言，从这个观点，蒯因不但尊重自然语言，也主张用科学知识改造语言，使语言对自然世界具有可指性。这都见之于他的《语词与对象》（*Word and Object*，1960）一书中。他引用洛克作为对早期自然语言的说明。自然语言是人类自然发展出来的。但由于我们的知识的进步与逻辑的反思，我们乃具有修订语言的能力，使其更能表达存在的真实与真理。在这个意义上，每一个语句或文本都可以取得一个逻辑分析视野下的意义诠释，或称为他说的释义（paraphrase）。这个发展自然是本体诠释学的一部分，诠释包含语言的逻辑修订，以及语言修订后的指物性与其意义性区分，但却不必像蒯因那样，把意义性一定要还原或转化为指物性。差别在于蒯因不假设一个意义的主体或本体，本体诠释学却在根源上认识到此一主体与本体的存在。

如上所说，蒯因所代表的学说也有偏见，即将世界看作一个外延的自然宇宙，无法对人的内心世界及其内在性进行深刻的讨论。他把心灵看作是人理解存在的一个盲肠，可称之为心灵盲肠（mental appendix），似乎可以割除却又难以割除。所以他只能接受戴维森的“非规则性的一元物质主义”（anomalous monism），而无法解决人的存在统一性与整体性的问题。但他的逻辑分析具有目标性与创新性，面对着科学世界，突显了意义主体性的重要性。这对我们有非常大的启示：人的世界，除了自然科学的世界之外，还是有一个属于人自己的心灵世界。而人的存在目的即在把人的心灵世界与客观的自然世界统合起来，成为一个灵活交流的生命整体，使人的生命能够持续发展，也就能使人的生命意义的主体性持续发挥其创造与沟通的作用。就蒯因而言，他的整体主义（holism）、非规则性的一元物质主义，以及对两个教条的批判，都呈现出我们对真实的本体世界追求的必要。

中国哲学视域下的分析三态

以上三类分析形态表现出本体诠释方法的背景与实际，重点在人的本体具有发展性和整合性，方能融合一个探索不同理解的途径。我将此三类分析容纳到以易学为基础的本体诠释学之中。西方分析形态的发展是从亚里士多德的外在性实体科学，到康德内在性的先验哲学，再到蒯因的逻辑语言自然主义知识论。前两者承认人的主体意义世界，康德更强化了此一内在性的理解结构，虽然不为蒯因所取，但蒯因利用观察（observation）与语言逻辑分析来重构人的知识主体，却陷入自我矛盾。这就表明西方分析哲学迄今还缺少一个对人的存在整体性的分析理解。从整合西方分析哲学的角度而言，分析哲学的发展仍然离不开对整体存在及其系统的探索。因而必须解决内在的矛盾，而确认兼顾内外在统一的世界整体重要性，以求得一个完整的真理价值的理想可能。因此，我们不能否定主体性心灵独立的思索能力与意义决定的能力，必须承认内在性外在性两个层次的不同以及两个层次相互关联与统一的可能。当然，内在性的范畴比外在性的范畴要狭小，但却具有它自身的性质与潜力，成为人的精神世界的支柱，也成为人类集体性存在的文化创造力的基石。当然人不能够完全脱离外在环境与其自身的外在性。人的发展在于如何使外在性丰富其内在性，使内在性更好地彰显外在性，从外在性中取得发展的能量。本体诠释学强调内在性与外在性的统一，其根源与目的都在说明内在性与外在性是在本源上相通为一的，也是在理想的统一中可以实现内外一体的真理价值世界。就哲学思考的内涵来看，我们可以一方面强调客观的存在论，另一方面也不能不重视内在性的心灵活动的存在意义。在知识论上，我们可以有一般的知识论，但也可以从知识对象与知识主体的品质来讨论知识的价值和应用，因而有客体存在知识论与主体德性知识论（virtue-epistemology）探讨的分别。把两者合而为一则可称为本体知识论（onto-epistemology）。那同样我们可以思考伦理学从外在的行为到内在的态度，分别义务伦理学与德性伦理学的差别，同时也能把两者统一在一个本体伦理学的框架之中。

关于美学也可以做此分别，因此我提出本体美学的概念，要把美学对象的外在性的美与美学主体内在性的美结合为一体。在形上学上，已经很清楚的是我们可以有本体形上学，也就是本体存在论。我们也可以有着重客观知识存在的科学形上学以及以精神为主体的精神形上学，如黑格尔所发展的精神现象学。显然，分析哲学对中国哲学内涵的各种语言进行主体与客体的分别，而同样中国的语言从一个主客合一的立场，也可以对分析哲学显示统一性与整体性的重要与必要。因为自然语言本身是整体的有机的，代表生命的整体性与统一性。从中国哲学的思考中，我们可以看到此一生命整体性与统一性的明显运作，因而可以对分析哲学做出整合与综合的启示，并提供其整合与综合的思维方法，这在本体诠释学中是十分强调的，也就显示本体诠释学所具有的中西哲学有关方法与真理整合的认识与发展。

中国语言中有多种含义的义理体系与概念差别，面对实际经验与体验反思，我们可以发现中国语言中有内在性与外在性及相关超越性之间的上下左右内外一多的相应关系，如中文对存在的认识，具有从“此”到“在”到“存”到“有”到“物”的细腻分别。在有与无的关系中，更可以看到无能生有，有能生无，有无相生的变化关系。这表示中国的语言反映实际的宇宙现象和我们对宇宙变化的实际体验，其内在的逻辑是宇宙内在逻辑的反映，需要我们从内在的观察来理解的，正如我们必须从外在的观察来理解宇宙一样。因此，本体诠释学由于其有易学变化宇宙论作为基础，更能重视一个变化的宇宙本体的变化性、开放性、多元性与转化性。对一个基于分析规范形成的知识宇宙，具有重新描述的能力。也许，可以把分析规范形成的知识宇宙作为骨干，来充实扩大成为更真实的自然宇宙本体存在。这样对人的存在与人的语言的意义性，也就有更深刻的认识和理解。而且也不妨碍就个别的需要而采取个别的意义重建或知识重建。总言之，本体诠释学有双重作用，从逻辑与语言分析掌握一个简明的客体宇宙，也从心灵与变化语言的分析与总和，掌握一个开放的丰富的主体世界。两者的互动与融合，构成人的本体生命存在的终极真实。

中国近代学者也有非常讲究分析的。例如，庞朴将“无”字分析出三种状态：“亡”，过去有，现在突然没有；“舞”或“巫”，似有非有之间；绝对的无，是一个简写的“无”。这都是很细腻的内在性分析。又如，我在说明中国管理哲学的时候，指出孔子在《论语》中重视人与人之间的关系，包含情、礼、理、法四个方面。因此在管理中，何时用礼，何时用情，何时用理，何时用法，就是一个本体诠释的应用问题，必须在本体认识的语境中来找到答案。宋明理学在人的修持与伦理关系的表达中也具有十分细腻的分析，如二程与朱子对理与气的认识，以及两者关系的认识，王阳明对知识良知与志行的分辨与关系认识，也都表现出高度的分析精神。因此，我认为中国哲学传统中具有相当丰富的分析性，只是没有一个外在性的目标的要求将其展开出来。本体诠释学作为知或用或行，提出分析的需要，来面对适当的应用与实践，不只是诠释和理解的问题而已。

再回到中国本体存在论与本体诠释学能为分析哲学做什么的问题，回答是它们提供了一个宏大的、自由的意义空间系统，使分析出来的差别性和统一性、相对性和相应性都有一个合理的定位，而且强调整体系统的变化性，使各种差别安排不断进行，与时俱进，随时更新。这自然也是一种不断定位的问题，其目的在建立个体存在的价值定位和他者价值性的互动互融与沟通统一能力，发挥个别差异与突出的特性的重要影响。当然易学本体中所强调的唯变所适，生生不息，是一个根源性的认知，而为西方存在形上学所缺失。在本体诠释学的基础上，不但分析的方法得到应用与发挥，分析的主体也得到一个整体的本源的说明。在这一点上，本体诠释学又与伽达默尔的哲学诠释学有所不同，也是影响与改进哲学诠释学的地方，使哲学诠释学从海德格尔否定本体的根源存在抛出说的架构中，转化成为一个本体根源创生论，如易学与本体诠释学所呈现者。[1]

---

1 2000 年我见到伽达默尔时问起他的形上学基础是什么，他的回答是海德格尔的哲学，后来我注意到海德格尔作为诠释学的基础，是他对于人的存在的批判，强调人之无本根，乃被抛弃之物。因此产生了早期海德格尔无神论的存在主义。后期海德格尔（1960）以上帝为本，他的哲学逐渐接近道家与易学。

中国哲学的内在分析性

现就本部分对分析方法与中国哲学之间的关系做一个结论。分析哲学是对分析方法的应用并突显理论的重建。我们已就分析方法的应用说明它对本体诠释学的重要性，以及对中国哲学的发展进行诠释重建的重要性。我们并指出本体诠释学的综合概念，是分析方法分别人之经验内容取得所指与意义总的统合。我们必须强调中国哲学的理想目标是从一元产生多元，再从多元产生一元的循环思考。其中分析作为划一为多的过程，是不可或缺的。从本体反思中，太极之能生两仪，两仪之能生四象，四象之能成八卦，而后衍生为六十四卦，可以看成是一个分化的过程。就概念来说，就是分析的过程。因为一的概念必须用于包含多的整体的事物，可说以一有多的概念涵摄其中。如果一的概念不能包含多的元素，则其为一也就是诸多事物之中的一项而已，而不符合其为一的概念的意涵。当然这也涉及我们对一的诠释问题，一就是孤立的一，要就是包括万有的一。孤立的一与多相对，而包含万有的一就是万有的多。虽然本体的概念是在诠释万物，并不假设一个孤立的一，而是把一和多结合在一起形成的一。这样的论证也就使我们更了解华严宗所说的“一即一切，一切即一”。从这个例子看，分析方法帮助我们进行辩证的思维，并非机械性的分解活动或单向的消解活动，即把一概念消解为第一层次的概念和其所形成的成分。在科学哲学中的消解主义（reductionism）往往把整体存在的概念推向一个第一层次的组成概念，而把组成物看成是已经形成的整体的真实。其实从多元素的层次要发展到一个整体的存在，是需要多的统合的突出活动，创造一个新的存在形式。我在这里是从这个角度理解分析方法的。分析方法的应用不是消解，而是提升或说明提升的层次的合理性。因此，分析预设了一个突显整体的过程，而非单纯的机械性的分化。这样看待分析方法，是一个从整体创化的观点来为分析哲学定位的。因此在本体诠释学中，分析只是呈现元素的一个程序，而此程序是导向整体层面的创显的。

在本体存在论的架构中，我们从易的观点看到观感既为分别的功能，也是统合观感为一本体自觉整体的功能。有此功能，本体自我方能从个体走向群体，建立彼此的沟通和交往，形成一个动态的发展过程。以此以达到本体扩展为全体存在的目标。有此了解，即使在个体建立其统一的同一性的过程中，它的同一性也成为产生普遍性理解的管道。因为它的一包含了多，所谓内外合一使主客观的经验能够融合为一体，达到沟通提升的目标。我在本体诠释学中提出根源性、整体性、目的性、统一性等概念，都必须借助此一一多统一，一中有多，多中有一的综合性的分析或分析的综合性。本体诠释学之本可以是一，其体则为多的一，其用则为一的多。这也是把分析哲学看成是本体性的，而不只是单一的形式上或逻辑上的一的分解而已。有了此一具有综合性的分析方法，我们也可以看到中国哲学从《易经》以后，其发展的线索都在保持一个元素的本体概念，而用多元的经验来创造新的观念与观点，形成诸子百家与宋明理学的多样哲学体系，但却彼此可以相通，也可以在本体诠释学的基础上显示其在整体本体体系中的分别定位。中国传统哲学以阴阳五行为分析元素的参考体系，但其最终目标仍在形成各自独特的哲学理论或立场。

本体诠释学中的中西互释对分析哲学产生的作用在于：解决当前西方分析哲学面临形式化的困境；也同时提供一个发展人类知识体系与价值体系统和沟通的可能。这在本体诠释学建立本体自我的十个性向的分别性与统一性中已看到端倪。海德格尔对西方历史中的形上学进行了一个基本革命，想从存在的基础上建立对人的理解，为了人的发展，但他却未能掌握分析综合或综合的分析性的思考前提。因此他的存在现象论的诠释学缺乏一个本体的逻辑思考，把分析与综合结合为一体，最后仍然回归到一个超越的单一的存在之中。

人类今天正处在一个哲学重建的时刻，不能不考虑到人的存在的根源性与目的性的问题，也不能不把综合的分析方法作为统合主客体与东西文化的基本方法。在应用此一方法的过程中，本体存在的真理自然突显，而不必与此一方法有所冲突。同时也不能离开此一方法应用已经形成的本体的知识基础。此一理解，是把人的存在具有内在目的性的价值联系为一体，成为本体诠释学的一个重要部分。再者，此一方法的应用使人更能面对具体现实生活的需要，提醒人类存在的共同根源自觉，产生对生命根源与本体开放空间更深刻的理解。这是在本体诠释学基础上重建中国哲学之道，也是中西方哲学趋向世界哲学的必然走向。

《道德经》说："道可道，非常道。""常道"就是本体，"可道"是可以说出并诠释本体，也就可以分析本体。本体表现为语言与概念，也表现为人的行为与实践。语言本身是一种分析，但必须透过概念体系与实践行为来实现此一语言分析的意义。没有概念体系与实践行为，语言的分析犹如空洞，不能成为本体认知之道。此处特别显示出语言的分析，必须是本体存在概念的分析，也必然是本体实践行为分析的综合，显示出分析过程中体现的根源性与目的性。

本体与方法的统一：生生不息的本体诠释

前文肯定本体诠释学在方法论上的两重意义，第一，诠释的活动必须基于本体的人对世界与自我及他人等现象的观察，也必须联系到自我反思存在的观感。所谓观其所感，感其所观。第二，诠释的对象可以是人的文化创造的成果，包括文本甚至文物。诠释是与作者的深度对话，但所谓作者究竟如何理解是值得推敲的问题。作者自身就是一个诠释的活动，用文字符号等表述他对存在与价值的理解。因此，本体诠释对文本必须认定一个合理的范围，以及一个可以理解的焦点。这就不能不对文本进行一个整合性的理解，是相应其时代与背景的理解。由于涉及可能的普遍概念，如存在与真理等，我们也不能不看到一些可能的限制。因此，作者的原意如果能够确定的话，也不一定就是他表达的意义。何况他的原意是可以从多元来理解的。诠释学不追求作者的原意，而只是就文本和其背景与相关资料来掌握文本呈现的重要意义与所指。从本体诠释学的立场，诠释是把能够掌握的经验与取得的文本的意义性，再进行新的诠释，必然反映新的诠释者的立场与观点或对事物理解的内容。这一个简单的对本体诠释学诠释活动的理解，也有其诠释活动的基本原理，不必然是传统所说的诠释的规则如赫希

（E. D. Hirsch，1928—　）或贝蒂（Emilio Betti，1890—1968）所表现的。事实上，从19世纪诠释学从传统神学的释义学解放出来，哲学家对诠释的活动并非有一定的理论说明。经过哲学家施莱尔马赫与狄尔泰的发展，到伽达默尔也并无一个本体论的基础说明。只有在海德格尔的存在形上学中，看到一些深入的诠释活动的基础说明。但海德格尔也并不满足他的形上学而积极向中国哲学中的老子哲学来开拓理解的深度。在此一氛围下，我提出诠释本体的形上学的建立，具有重大的意义。此一建立，主要在说明人的理解的经验根源以及其发展理解的内在与人存在的潜力之源，因此乃有我提出的本体诠释理解十性之说，使诠释具有一定开放的意义空间。因此，对诠释学作为真理的探讨或作为方法的探讨，都能兼而融之，使其成为一个相互为用的整体统一。

上述从人的第一序的诠释世界经验到第二序的诠释第一序的诠释文本，都能做出重要的说明，同时也把人存在的本体性与诠释性更好地表现出来。前述两种诠释同样允许认知与理解的创发性，使人对世界与人自身的活动能够在一定概念体系当中彰显出来。在这样一个理解体系中，真理与方法，文本与经验，都各自发挥它的作用，而又能够统合在一个整体的经验反思中。此地要强调，诠释的目标不只是文本。文本是一套符号体系，透过文本能对真实世界做某种说明。这一定涉及人的生活世界，人所经验到的天地宇宙万物与自然生命世界。因此，自然的生命世界与人的生活世界都是第一经验与文本所涉及的最基本的对象。由于文本预设了人的心性、理智与意志运行的作用，理解文本也必须理解此一心性理智与意志运行的方式，而必须透过语言来实际掌握。这就是何以本体的诠释涉及我说的三种分析模式，即亚里士多德的实体分析、康德的范畴分析以及蒯因的逻辑分析。在认识这个分析的过程中，也突显了分析导向综合还预设综合的诠释活动。

诠释者是第一序的存在，它创造符号系统来表达它所经历的世界，并透过符号来理解世界中存在体的关联与意义。人作为意义的根源，能把此一意义显现为内在与外在，内在超越或外在超越或对内外超越的超越。这种反思组合的能力是人的诠释思维所自然具有的，对建立个别的或一般的对世界的诠释是极为重要的。因为它们必须掌握事物的一般性与特殊性，抽象性与具体性，绝对性与相对性。这不仅要从自然的经验中认识，也必须透过生活的实践来分殊。诠释永远有新的层面、新的境界，就在于我们自己的经验与实践也是第一性的，我们生活在一个真实的世界中，而不是在文本中。我们面对自然变化的真实宇宙，利用语言来解读我们的实际经验，赋予它一个新的认识，创造出表示意义的文本。一个文本的创建在把我们体验的意义融入事物的描述中，而形成一个新的理解，对原有的理解也就显示出某一程度的差别与超越。因此，新的文本也就成为可能。新的文本提出新的认识与理解，不断在文化的创建中发展下去。文本是意义的载体，但作为载体它也是一个意义的表达，可以积聚历史的经验，也可以突显新的意义的发现，其变化的可能是不能限制的。也许就传统的规则而言，文本的意义必须固定在一个基本的层面，尤其针对经典的诠释，此一固定是十分重要的。这就表示对文本的诠释可以有一个规范的认识。认识此一规范，也是对文本进行重新诠释的一个条件。

我不反对我们作为一个读者，可以就人自身已有的感觉联想知识与信仰，来回应及诠释新的文本或新的现象。这是“读者反应论”（Reader-Response Theory）的诠释方式，如我所陈述的第一序诠释影响第二序诠释的作用并无不同，都可以说是本体主观论的说法，另一方面以科学的知识作为诠释一个文本或一个现象的有效意义来源，形成一个客观性、科学性的诠释论说，甚至用科学的理论来做出消解或预测也并非不可能。这可以说是本体客观论的说法。无论主观与客观，诠释的根源仍然是本体的自我，也就是本体中自我的偏向外在性或偏向内在性的区别。当然，最有效的诠释，比较地说，仍然是主客的统一，也就是利用客观的知识与主观的评价与经验，来进行一个整体的汇通的说明，使诠释的内涵更为精细。这当然就是本体诠释理想中的诠释活动，前文已做了充分的发挥，此地也只是加以重点地回顾而已。

在这个统合的诠释过程中，有一个问题是主体自我所包含的偏见与成见是否能成为诠释的内涵。显然，一个人有偏见与成见，他的主观的缺失也就有所偏，而不能够发挥客观认知与评价的作用。从本体的自我界定来说，当然也不应该是本体自我形成的元素。因为本体自我是客观知识与主体经验的融合体，主体经验中可能有偏见与成见，但如果本体有所自觉，则在它与客体知识进行统合之时，就必然排除在外。但是人们往往并无自我规范的能力，把偏见容纳在主体的经验意义之中。因此，必须在不断的主客合一的过程中来逐渐消化，以达到一个更为正确与完整的主客统一。我不反对伽达默尔所说的传统即偏见的说法，也不反对在诠释中偏见有主导诠释的权威。但我强调客体外在性的客观认识，以及外在性的价值标准，其目的就在于在诠释过程中，我们产生一种自觉，为了主客统一的本体诠释的有效性，能够做出是非的取舍与优劣的判断，使我们的诠释具有公正性与真正的真理性，与本体的真实相呼应。再者，诠释有多元的可能，但多元的目标在综合的统一下是追求认识的共同性，这是可以透过沟通与对话来解决的问题。因此我们必须有一个理想性的追求，并以此为目的来寻求自我更正，并扩大自己的经验意义的范围。事实上，本体诠释学重视反思人的存在中的深刻意义，把宇宙看作一个本体存在的基源，因此可以在根源上寻求人我的一致与内外的一致。事实上，在人类形成对世界的一个知识体系之时，就面临着包含条理、规律、有效等要求。在对诠释的建立自然发生沟通的作用，把诠释转化为对本体知识的理解，也成为对客观真理的认知。

假如我们已经有了一个最真实的宇宙图像，其中包含了对真理、经验、反思、直觉等多元经验，在我们解读文本时，甚至于在我们重新认识世界真实时，就能产生一个具有内在有效的诠释理解。以此用到诠释文本，我们的诠释资源也就能够把一个值得再诠释或值得再理解的文本，转化成更有真实性或更有现实性的意义体系。文本指向一个世界。它是有关人的存在、有关自然和世界的存在的理解。它面向的是一个真实与真理的世界。它指向真实与真理，也指向一个人所经验的和认知的生活世界。对于一个文本，读者反映文本的诠释结构，而诠释者则基于读者的反映进行重新诠释文本，并重新面对世界，进行统一性的理解。这一个不断的关系可以表达如下：

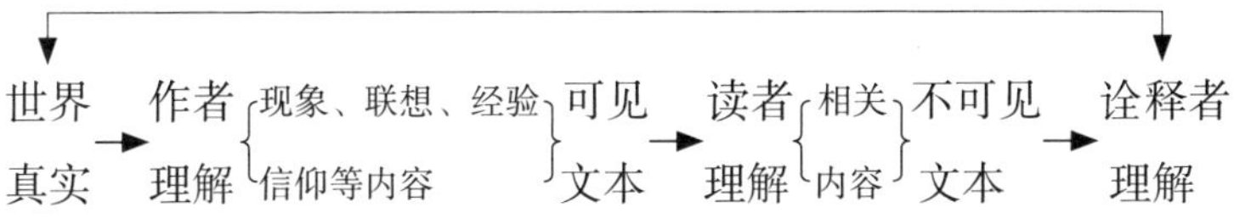

读者能够解释文本就在于文本自身包含了多重意义。文本，可以看成为意义世界，是作者所具有的经验、理想与价值信仰的直接或间接的表达。读者也有他自己的意义世界，透过心灵的活动有它自己表述的能力，但读者阅读作者文本，自然有其相应的反思或回响，不一定形成另外一个文本，但再经过思考，也可能表现为其自我的理解。如果读者对作者的文本有深入的思考或考察，形成比较具体的认识，以显示自己能够接受的真理，这就是诠释的活动。诠释活动因此是读者与作者心灵的汇通，代表人类理解世界或自我或人我之间的问题的一个新的表示，可视为一个新的文本，呈现文本开放的新的意义空间。就客观的真理概念来说，真理是现象变化的本体，或可名为真相，是主观和客观理解的统一的形象。显然真相与现象并不对立，即使真相作为客观存在的真理，而现象可以是多元的或变化的形象，为个别的意义空间所呈现，代表不同的主体的理解。但这只是说明真理可以包含不同的主体现象的理解，正如其可包含不同的现象一样，在众多的变化现象之中，我们仍然可以看到一个更整全的真相的浮现。质言之，现象的变化在多元的理解中显现出真相的轮廓，由于真相可视为思维独立的存在，故称之为真理。文本（text）作为符号体系，代表人主体的存在的理解，它是现象，但它也包含真相，是要透过人的持续的多方面的理解来确定的。

作为读者，我们所追求的对文本的理解，并不满足于我们主观的心灵上的解读就足够，而必须进一步从主体背景及主体目的与理想，来进行更深入的解读与理解。读者—反应（Reader-Response）式的解读显然是有限的，是相对主义的。个人深入的理解从背景来说，还可牵扯到文化意识与宗教意识，因此可以扩大成为一个文化宗教传统对另一个文化宗教传统文本的理解探索。有此理解我们可以掌握跨文化的群体理解意识，而且我们也可以有资源来扩大一个符号体系所代表的意义世界，显示出对真相与真理的理解。此一意义世界为人之群体所创造，我们理解它就是理解它在言说的符号中，表达了哪些关于人的存在与世界的存在的现象，以及如何指向全体意识的真相、真实与真理。

也许我们可以把真理与真相或真实做一个细腻的分别，我们可以把自己已有的经验看成真实，有其自然性或自然发生的意义。作为读者，我们不一定要对文本有所理解，才能理解自然。当然文本一般代表更深刻的对自然的理解，但我们对自然的理解可以说是文本理解的前解。尤其我们应该重视文本，是因为文本往往代表一个历史传统，一套整体意义概念系统，一套深入的哲学思考。它包含了古人或今人创造出来的对真理真相或者现象的理解与表述。例如，我们可以有对自然引力的直觉认识，见之于同性相吸、异性相斥。但研读牛顿的《自然哲学之数学原理》让我们进一步能理解到自然引力中的一些律则性。对自然引力有了进一步的认识和应用。但牛顿的文本也并非必然涵括天地万物之理，这是要进一步探索才能决定的。事实上，对万有引力的认识一直到爱因斯坦的相对论与量子力学的磁场理论，还不能得到最后的理解。因为我们无法更直觉地掌握基本粒子的磁场究为何物。另一方面，从我们理解到的基本粒子的波粒两态来看，我们对磁场的认识也许更能建立一个对万有引力比较完整的理解。总言之，一个文本永远不等于真相，也不代表现有的真实，也不代表理想的真理。它的特殊用途在基于人的真实经验而产生的承前启后、结合主体和客体之间的作用。因此，文本所代表的意义世界的重要性在导向我们认识的真理，导向我们从真实的经验而得到理解，并终极导向理想的真理。中国《易经》所建立的卦爻符号体系就具有这种促进理解、扩大理解、持续理解的作用。

人的本体存在中的性、理统一

本体诠释学既有诠释的对象又有诠释的过程和诠释者，就必然假设了人作为作者与读者与诠释者的存在。本质上人是诠释者的存在，所探索的是人的本体存在及其所呈现的真实性与真理性。人作为人必须要有人的自觉，才能成为读者与作者，即诠释者。自觉的意识能够分别内外。外在的世界不在人的心灵之中，它是他觉的对象，是我们观察的对象，也是我们感觉的对象。但人的内在世界却是人自身能够感觉的对象，在反思中感受人的心灵活动，包括思维。其实反思的可能性就在于人的内在存在的自觉活动，是可以直接感受的，却不可以直接观察，而必须作为外物来加以观察。这在一般情况之下是无法做到的，因为我们无法观察我们的思维活动，把它当作外在事物的运动，而只能感受其活动以及其活动呈现的意象。作为一个自觉的存在体，是海德格尔所谓的“此存”（Dasein）。它包含了内在性和外在性两个方面。对外，能“观”；对内，能“感”。“观”不等于“感”，但我们可以感其所观，也能观其所感。所观者是事物之形象、数量、色调，而所感者则为光影、刚柔、活动。其实所观者也包含这三方面，但其差别在于，这些所观者都在时间空间之中而有所定位或定量。至于所感者，则很难有一个空间意识为其后盾或形式。由于我们天生就有先后和同时的时间意识，所感可以有时间意识作为载体，但却并无明确的空间意识，只是笼统的归之于身体内的心灵的活动。尤其在喜、怒、哀、乐、欲望与意志等情绪方面，我们的感觉可以很强烈，但我们却无法明晰地确定这些感受如何发生，发生于何处，以及有何空间特性。显然它是我们的心性或心灵意义空间中的发生事件，相对于一个潜在的或自觉的主体而存在，是主体存在意识的一部分。

关于观物与感思，是否有明确的因果关系，也值得我们探讨。往往是有所观就有所感，外在性引发内在性，但也有一些情况有所感也能够投射成为一个能观之境，使外在事物染上主观情绪的色彩，如诗人笔下所说的“感时花溅泪，恨别鸟惊心”。观感如何统一，是主体自我发展的一个重要步骤。所谓统一，即观感互动，观感互参，达到一个整合平衡的自我整体而不为外物所动，也不为情欲所役。这可看成是一种道德信仰，但其实是一种本体统一的修养，使自我的存在具有更大的稳定性与持续性，可以容纳更多的观感，来作为巩固自我、联系自我、发展自我的基础。在观感的基础上，建立对外物和自我的理解，此一理解就有统一自我、发展自我的作用，而不只是对外物的或自身的认知而已。在这个意义上，理解的作用是内外兼具的，对外认识万物，对内感受自我。在认识万物与感受自我的基础上建立一个理解的统一体，而事实上理解就包含了此一统一体的预设，也是此一统一体的前提，是人之性走向人之心再走向人之意志的重要因素。总之，我说的观感两者之间的不断统合，是作为本体实现的自我的基础，是海德格尔所说的此存的自我所必须面对和探索的或成就的理想。

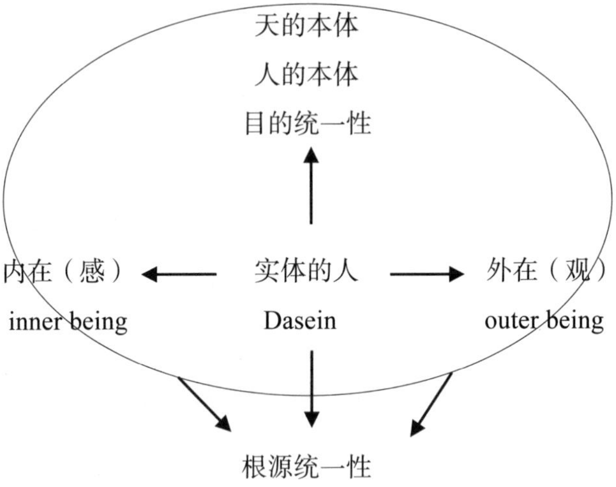

从图中看出，人的存在是在观感的统一基础上实现的。此一统一性的来源是人的心性的生命力的根源，可称之为人存在之根源性。另一使统一性成为可能的是人存在的目的性，也就是人之所以为人，即人的发展的意义所在。根源性与目的性均可以对“观”“感”进行统合：人为何有感；物为何有此形；为何此物引起此感与此观。“心”根源于“性”。由于人的天性和本性，人才能如此感观。就“物”本身而言，万物呈现此一现象是因为物的存在有一个“理”，即个别事物之间的关系性和一般性。万物之间甚至在时间上形成因果关系与对应关系。中国哲学强调万物彼此相应之理，与人的心性也彼此相应。二程说“性即理”。人所观感由主客之理相应而成。性是人的主体性的统一体，正如理是万物存在的统一体。性理相互引申，正如观感各自引申且相互引申，构成一个观感错综、性理交融的整体统一网络。二程说的性即理，表示性中有理，性能知理，性能观理与感于理。而此处的性是一个只有生态的知觉功能，总说为心。既然性理是一个统一体，它导致具体的观感与知觉，可以说是人的自我认识对外在世界认识的源头，其统一性与统一万物的太极功能相当。理是就太极的客体性来说，性是就太极的主体性来说，两者联合统一起来，则是包含主客相应的宇宙本体。宇宙本体导向人的生命的存在，因之人的存在也是一个包含主客相应的本体。其中，性理的统一性在实际的知觉中与思维活动中呈现出来。

朱熹在《补大学格物致知传》说：“至于用力之久，而一旦豁然贯通焉，则众物之表里精粗无不到，而吾心之全体大用无不明矣。”万物之表里精粗是理的存在，而吾心之全体大用是性的实现。所谓用力则在经验的观感中发挥统一整合的作用，以更清楚的方式表明主客的关系。这就是根源性的探讨。人存在的根源性使人能认识到外在事物与内在观感相互的依存性与统一性。同时这也是实现人的目的性的一个自然的管道。因为只有在统一性中，才能发挥人物之间或性理之间的活动，满足人的自我实现的理想。人从“观”“感”两者的统合中体现整体自我的实现，也体现了人存在的目的价值。达到这个统一显然必须肯定宇宙具有的统一性，也就是宇宙的终极的创造力。需要一个实践的过程，一个自我修持和自我整合的过程。

康德在他的道德形上学中，借助上帝来建构一个“圆善”(summum bonum)的理想，把终极的外在性与终极的内在性统合为一体，并实现灵魂的不朽。假设上帝并无经验的基础，中国易学从开阔广大的观察与体验的融合中，强调宇宙生生不已的生命力和创造力，这是人可以自身体会到的。以此作为主客统一的基础与源泉，有其特殊的意义，而不必假设一个超越的上帝。

以圆善作为最高之理，也是最终之性。从本体诠释学来看，是以最高之理与最终之性的统一，既是理的实现，也是性的完成，并不需要假设一个超越的上帝。人之性中有外在性和内在性，但外在性的超越没有具体的对应，只是一个假设。但把外在性的终极存在看成内在性，在自我超越中实现的价值理想与感受到的创造力活动。一个外在超越的上帝，也就可以简化为内在性超越的价值存在，是一种理想，是一种能量，是一种能力。这就避免人们把上帝作为统治、威权与偏见的工具，而无法发挥自然赋予人的内在创造力。我在此强调的是内在超越的目的性，即实现自我潜力的自觉与完成。我们将在下节进一步讨论人的主客统一的本体所具有的或所彰显的基本性能，包括第一层次的五性和第二层次的五性，共计十性，我名之为“生命十性论”。

生命十性论

在以上基础上，本体诠释学对本体的理解是两个层次的，一个是自我的层次，一个是宇宙自然的层次。两个层次相互引申，形成了中国易学中所说的天人合一的统一体，也为人心性的存在提供了一个生命力的基础。此一生命力的基础指向一个宇宙本源的创造力以及人生于天地之中所秉受的生命创造力。我在《易学本体论》（2006年出版，2020年增订本）中已探讨了宇宙内在的生命创造力自然发生。我们需要强调的是此一宇宙创造力，是个万物与我成为生命体，也使人的具体生命具有其自身性向的完整性与潜力，不但使自我追求自我实现的完美，也使人己与他人以及更大的群体相互作用，发挥创造文明与文化的动能。我也强调个体生命的形成，其最根本和原始的状态是人的内在性与外在性的合一。内在性与外在性来自于宇宙本体内在的功能的分化。所谓阴阳相需，有无相生，形成了一个生命存在体的两个存在层面，即是内外之分。此一本体的分化犹如细胞的分裂，具有绵延生命持续发展的功能。质言之，个体生命的完整性与自我创造性必须建立在内外相分而又内外合一的统一基础上。也可以说此一内外相分，是个体生命存在的一个必然条件。有了“内外之别”，人的存在可以与世界的存在分开。但又由于内在的相关，人的存在必然是内外合一的活动。内外在世界必须互动，以维护生命自然的变化创生与持续。“内外合一”再导向自我本体意识的出现与自觉，形成一个自我存在的本体意识，并自觉地认知生命本源为何物，以及生命目的为何事。

“内外合一”的本体自我，意味着自然外力的内在化，产生了生命内在的身心一体之感，并感受到身心不同的属性，显示了生命机能的发展。此一发展，不但是内在的，而且是外在的；不但是超越内在的，也是超越外在的，并能统合内外与内外超越，体现一个超融的整体意识。有此超融的整体意识的自我本体，人的存在才能够实现其存在的意义与价值，也才能够面对不同的困境与挑战而克服之，取得可能的创造性的提升、进展与完善。《中庸》说“合外内之道，故时措之宜”，即简明地论述了人的生命本体自我的体现与自我实现的潜力。

关于生命的起源问题，中国的本体宇宙论可以说提供了一个基于本体经验形而上学的见解。我这里要强调的是，固然传统形上学的意识被认为是超于经验，但事实上形而上的存在却是因经验而显示，不一定是感觉的经验，却可以是心灵的体验。因此，《易传》说“形而上者谓之道，形而下者谓之器”。道器可以合二为一，是两个存在层次的统一。这也是人的观感经验一个重要部分。中国易学一个重要观点，即本体论、宇宙论、生命论及人的生命存在论，都是一个整体生命的重叠连续体而不可分割。此一观点，法国 Bergson 与美国 Whitehead 的哲学思想也都有与之相同的地方。至于宇宙生命的起点是什么呢？Bergson 与 Whitehead 并没有给予答案，但如果考察《易传》与《道德经》，我们看到宇宙中动态之气的重要。何为气，则又必须从实际具体的知觉与经验中去理解，因为气是动态的、多变的，没有必然固定的性质，因而能够形成各种不同的存在品质，如动静、刚柔、粗细、明暗等。

在《易传》中利用阴阳五行之象来说明气之变化。也许在现代科学中，我们可以用量子力学来说明气为不同形态的基本粒子或基本磁场。但作为气的理念，气是整体的、不可分的连续体，只是包含了不同的状态与动态，也包含了空间与时间。整体的气中可以有不同部分，而每一部分又相互交流并与整体形成对流。有此必有彼，有彼必有此；有生必有灭，有灭必有生。有无之间也就相互交通与转化，此一过程形成了一个生命本体突显的力量，导向具体事物的存在。张载称此一现象为太虚，太虚生气，或可说太虚即气的状态。气能够逐渐凝聚和分散，经过一个阴阳分化，而又彼此氤氲的过程，形成具体之物。在这个过程中，创造力的出现就是存在层次的一个发展。在《易传》中，阳刚之气就是创造力的动力面，而阴柔之气则为创造力的保守面。《易传》称之为乾坤两仪，由此乾坤的基本关系，万物的化生，人的发生也就可以获得理解了。《易传》把乾坤看成是一个动态的统一体，名之为太极。张载不用“太极”一词，他要彰显的是太极的虚无状态，名之为无极。但太极的虚无状态同时又是创生实有的动力所在，故称为太极。太极与太虚都在说明本体存在的变化性的创造性。

在此理解中，我提到的《易经》哲学中的天人合一思想，也就油然而生。天人合一的思想代表了宇宙观与生命观的合一，也代表人的自我本体生命观中知识观和价值观的合一。宇宙观、生命观、本体自我观、知识观、价值观总合为一个整体的生命哲学体系，成为实践伦理，创造价值的根源。至于如何说明人的本体自我存在的形成，我想继续上节对人本体存在的观感的自觉性与统一性，来进行推演与界定。这是我长期思考此一本体内涵问题的成果，在本体诠释学中占据极为重要的地位。因为我用此一本体自我存在来说明自我理解的可能，以及理解他人的可能与宇宙本体的可能。综合来说，人的生命存在是一个自我本体的存在，包含了对宇宙、他人、他物与自我理解的创建能力。此一能力表现为分析、分解、综合与整合的理性思考，也就是，我们可以透过理性的深入思考，来认清人的本体自我形成，并辨认形成人的生命的动态内涵，以此说明人的生命存在所具有的品质，以及其可以发展的潜力。我说的人的自我本体存在，能够反思自我，认知他人，感受自然生物及宇宙环境，理解整体宇宙及其动态发展的生命含义。

下面我再简单说明十性的基本特性，一个本体自我的认识与建立必须具有以下有关特性。谓之为“十性”，其实就是人的整体性，从中国哲学的眼光来看，它包含了性的一种存在，也包含了从性到欲，心到情，心到意以及心到志和心到行的一个知性的思维过程：

一、创造性。因为宇宙可以生无，无中生有需要创造，因此需要肯定创造性的创造过程，也可以叫作创生性，即所谓的第一性。

二、律动性。人有了具体存在，人之身体之生老病死周期的有关自然现象与活动过程，并且其自身的规则必须遵循，我称之为规律的行动（律动）。

三、内外统一性。由于生命存在的内外之分同时是分别而内外合一的，生命细胞的内外环境是不一样的，作用也不同，两者实际上是结合在一起的。而生命就是一种创造的动能，在内外之间构成一个界体，同时也存在了一个载体，使内外彼此相需、彼此互动，使整体的生命活动成为可能，而且能够有效地持续下去，开显出心性、心情、心志、心知、心欲等丰富的生命活动和发展，使生命的潜力，也就是宇宙的潜力逐渐发挥出来，达到中国《易传》所说的天人合一的整体。天地生人，人能弘天地之道，也就是弘天地创造之道，实现自我创造之道。

四、自觉的内在性。在自我存在的反思中，能够产生自觉的内在性。基于这样的内在性，而实现心性情欲的思维的合一，来实现不同层次的整体人的存在活动，使社群和人类的存在成为能够赋予人的生命不同的性状和机能。

五、自觉的外在性。人之身体存在及行为活动以及人感觉经验所涉及的有关外在存在事物。物质产生一种客观认知的欲望，并与世界建立互动关系，不断改变自己，也改变外在的环境。

六、自觉的内外统一性。在这个过程中，因为人的内外的统一，把生命提升到更高的层次，实现一种自觉，从而产生了所谓的自觉性，也就是说产生了一个心的自我，而成为自我存在统一性的基础。

七、自觉的内外整体性。明白以上对内在自觉与外在自觉的认识，以及它们之间的统一活动，我们已经能够达到内外统一和整体一致的自觉整体性，可以更独立和自由地进行创造的活动。

八、超越的内在性。人也需要超越自己，使我的内在有一个超越，而这个超越仍然作为对超越外在性的认知和分析，希望能够达到更高的智慧和更深刻的行为方式。当然不是所有的文化体系都存在超越，因为它的超越永远是内在性的，它只是相对外在超越的对象有一个对应，即对超越的上帝人们产生一种绝对性的完美的价值观念，如黑格尔所提出的真善美的完美存在，当然在儒家强调人必须提升到主体的觉醒，使人走入圣贤之境，有其绝对的自由，不可能有错误的行为，因此呈现绝对精神的意志、价值和理性。

九、超越的外在性。人面对外在的世界，用思维与思想构建外在于时间的超越存在，表现出一种超越性，同时也肯定一个可以信仰的超越的形而上学存在体。人所信仰的形而上存在体，超越现实存在。

十、超融性。超越的内在性和超越的外在性彼此包含、互相融合，形成一个包含一切可能性知识和价值，而不需要再进行抽象的过程，而必须回归到生活的行为和实际的生命感受，显示出终极的创造力所包含的创新力量，并投射为一个理想的状态和目标，作为生活世界的应用与实践理性的终极基础。

以下我用图显现生命十性的内在结构：

生命十性结构图

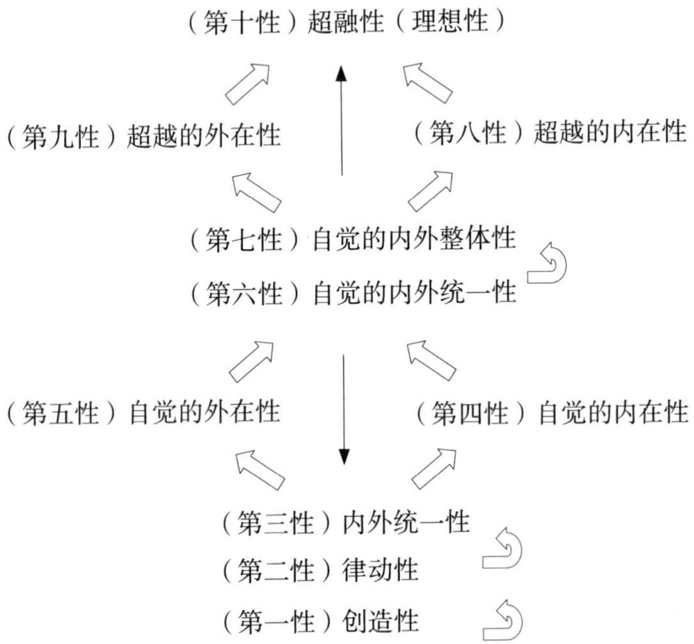

这十个性质可以合称为“生命十性”，在此我只进行了简单的描述和定位，主要说明本体诠释学中的心性与生命发展的可能内涵，以建立一个诠释整体意义世界，在主观与客观以及两者统一的界面上的框

架。这是一个本体诠释的框架，也是一个自我本体存在的框架。因此是本体诠释活动的框架，对理解本体与理解诠释都有重要的作用。本体自我必须包含此一内涵的十性，才能进行诠释，而不受资源的限制。因为此一本体自我已经提供了一个充分的诠释资源，同时这也是从诠释认知本体存在的一个存在体的投现，使诠释所蕴涵的整体性有一个理想的参考体系和框架。

五个世界的诠释

上节就人之本体自我能够进行的意义创发潜力，做了一个结构性的说明。意义来自于诠释的活动，诠释则来自于本体自我自觉的思维，以其内在的资源形成新的概念与语言表达。此一内在资源的应用，并非人人相同。因为人作为诠释者，包括读者或作者，都代表其自我成就的自觉与意志，以及感受意义与环境的能力，此即说明诠释是要经过自我训练的，代表个人感性、知性与理性发展的程度。人之受教育，传承或开发一个文化和哲学传统，为一个传统的自然发展，但由于个人不同的感受与领悟，以及对问题的认识，诠释是针对问题性的意义创造，是反思与研究的结果。因此，在人的本体自我的内在资源的哪一层次进行诠释，基本上是个体之事，代表一个本体中主体的发展。有此主体的发展，结合其相互作用的客体，最后形成包含主客体的本体诠释，是诠释的重要阶段。因为任何诠释最后都必须呈现主体的形式以及进行本体意义的建设与开拓，而不是随意而无据的。至于本体世界显现的客观世界的真实，则是意义来源的一个重要资源。所谓意义世界，是主体对客体，客体对主体，相互交往沟通所产生的成果。

基于此，意义世界一方面在表象世界真理；另一方面它也在显示主体心灵的思维活动。我在此提出客体世界在变化过程中五个世界的面向，也可以看成是意义世界承受的五个内涵，一方面反映世界真实之所在，另一方面表达为符号世界中的五种意义形态。我在此名为符号世界、真相世界、现象世界、心灵世界与行为世界。变动不居的现象有一个根源的存在，是宇宙存在与人的存在的发生根源。宇宙存在发生在前，而人的存在发生在后，而且在宇宙存在之中。因此人参与世界的真相，也参与世界的现象，并表现为人存在的行为世界。符号世界基本上是语言世界，但也可以借助为其他符号，如数学符号，成为数理性的符号世界。此处我们关注语言世界的主要性，因为语言世界有其外延和内涵，分别指向外在真实与内在心灵，但又同时呈现一个可以理解的公共性，为人的心灵所觉知。语言沟通外在事物和心灵感受，也沟通不同个体的心灵，形成物与人的复杂公共意义的世界，为参与的人所理解。自然也能为参与者用自己的语言来表达，显示个人或群体的意义空间及其所指。就此，我们可以说个人心灵与群体心灵的参与，发挥为个人理解与群体理解，个人诠释与集体诠释的作用。最后人可以透过他的行为，在符号意义体系的理解中，进行实际行为的活动，产生实际影响现象或真相的作用。这也就是行为世界的重要性，因为透过行为，才能够改变现状，形成新的诠释环境，进行新的理解作用。下图将表达这五个世界的相互关系，并说明之：

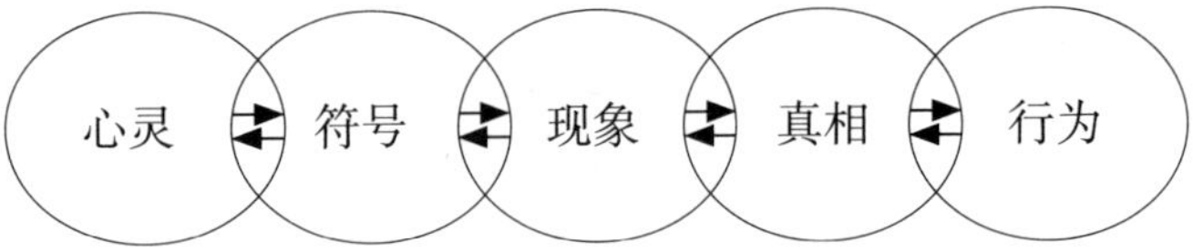

心灵的存在有其独立的一面，即心灵能够产生自主的行为。现象的根源在于真相，真相和人自主的根源具有同一个根源。这就是人参与真相的世界，世界也参与人的存在根源。这体现出了我的“本体诠释”的重要性，即我们如何能把符号体系阐发为更具有根源性、更具有包含性的体系，从而能够包含我们新的所有的经验。此一经验有其创造性的一面，表现世界的创造性，也表现心灵的创造性。诠释可以由于世界现象的变化，也可以由于心灵的见识而生。这就是本体诠释学所特别强调的诠释的理解，有其根本原因，也有其创新的层面。而且，不可能终止，因为世界的变化不可能终止，而人心灵的活动也不可能终止。

真实是实际真实的世界；真理是心灵与真实的统合，是人的理解所追求的目标。当然，真理和真实是不能够完全分开的。真理在实体经验的基础上透过理性的思考来实现。这在中文中表现得非常清楚，“真”

（trueness）是一个开放的概念，是我们面对的所有事物的整体存在所经验到的真实感，经过理念化而为真的概念，即为真理（truth）。实在的经验可以充实“真”；理念和思想的认识能够把握“真”，并客观化真为真实。此一真实包含形而上和形而下两方面。形而上的真理是看不见的；形而下的真理是看得见的。人的存在永远是在真实的基础上去追求真理；任何真理不能否认真实作为基础，也不能否定真实作为真理的内涵。这个实现或体现真理的过程，被称为“道”（dao），也可用现代化的语言称为方法（methodus 是方法意义上的“道”）。“道”作为包含真实和真理的整体，就是本体；作为从真实到真理的发展过程，就是方法。在此意义上，所有文本都是方法，所有认知活动都是方法。方法必须以真实作为基础，以真理作为目标，不能够脱离本体探讨方法。

相应以上说的生命十性，十性的作用在承认外在的真实及其变化的现象。但同时也肯定相应的心灵作用，以及对真实知识回应的行为作用。此一行为作用，往往是把真实与真理结合起来，形成一个主观与客观的统一体。不但避免经常的冲突，也实现概念的整合性与清晰性，这就是所谓内在性与外在性统一化的结果。外在性与内在性能统一，也就在于真实世界与心灵世界基本上的一致或根源上的一致。事实上，也就是宇宙原始的本体的一致。有此一本体的一致做基础，内在性与外在性的统一，基本上是自然的，是与时俱进的。至于十性中的超越性的问题，主要指向真实和真理之外，可能的存在境域。因此，形成已有外在性存在的存在，也可能同时形成内在性的创造意义层次的提升，而为更高层次的意义世界。这一提升，代表了人内在性创造活动所创造的价值对象，有其潜在的行为能力，但却不在原初内在性的功能之内。外在性的超越指向的外在存在往往是不可知的，只能内在地思考的，譬如对上帝的信仰，可以想象与信仰，但却不可以认知与指证。因此，外在性的超越就是超越的外在性，表现为上帝或其他抽象的存在体。此一外在存在的对象，经过一个内在化的过程，被赋予内在化的形象，如人的形象与人的意志。如此作为信仰的对象，上帝也就被赋予了一个生动的自主的存在意义。作为宗教信仰固然无可厚非，但就其发生的形象而言，他也就可以作为内在超越的载体，而不必具有另一个位格的或人格的地位。这一可能也就表示，宗教是选择性的行为，如果一个传统不把外在性位格化或人格化，甚至物格化，这个传统仍然可以有外在性的超越，但此外在超越却可内在化地超越，成为人的行为追求的价值目标，这是十性中的目的性的形成。在中国易学的本体宇宙论中，外在的宇宙只是被想象为生生不息的宇宙创造力，并同时从观察经验中来充实此一形象。因此，此一宇宙本体的设想也就具有宗教的一般作用，其表达的方式不一定有仪轨性的形式，而纯为一种行为的道德规范和生命情操，对人的文明的发展与人的创造力的启发，仍然有其重大的作用与影响，而不必同于宗教的传统。[1] 至于

1 有宗教信徒认为，中国传统是无神论的，而西方传统是有神论的。此一说法不尽精确。从历史来看，西方与中国在最原始的社会中，都有有神论的信仰，无论是希腊人、犹太人或中国人，都相信一个具有人格意义的大神或宇宙神，这比更早期的埃及拜物教有所进步。但在西方由于犹太人特殊的经验，产生了基督教的信仰，把犹太人的耶和华提升为上帝或天主，这是一个历史的发展。在中国，夏商周三代都有天的信仰，而天虽然没有完全人格化，却是超越的存在，并超越在众神之上。但经过周代的人文主义的革新，把天概念转化为天道的概念，最后甚至于转化为道的概念，如《易传》与《道德经》所表现。（转下页）

哪一种外在性超越的转化更为重要，这一评价是开放性的，不能一概而论，也不能做出最后的结论。但就人之十性的发展来看，我用超融性来包含外在超越性与内在超越性作为一体，允许不同方式的超越，但却强调十分的包容，可能是一个哲学的人最好的发展途径，对人类世界共同体的和平繁荣和福祉，有必然与绝对的效用。此一效用，在目前人类中西文明冲突的关头，应该具有重大的启发意义。

结论

本文主要在说明本体的概念是中国哲学中最根本的概念，是客体与主体统一为一的整体概念。本体中

（接上页）此一天道，并非人格之神，而是博大精深的变化创造力。从人的实际观察体验中，可以说明人存在的现实与人所理想的价值创造，这仍然是一个外在超越的认识，但却更能与人的内在性结合为一体，对人的发展与提升其作用也许比西方宗教更有广泛性以及开发性。世界学者不可不对此有深刻的认识，而不必把宗教的信仰拘泥一格。作为宗教的信仰，必要条件正如康德所说，是宗教必须合乎道德，能够建立人的道德自主与自由意志。

具有主体与客体，两者相互为用并交相影响，形成一个发展的过程。客体指的是自然世界的存在，包含客观的事物，也包含事物之间的关系与事物在一个发展的过程中的变化状态。主体指的是人的存在的自我意识的整体性所表达的人的存在，具有丰富的心灵内涵，但却不必离开人的身体存在。因为人的身心也是相互影响的，主体与客体有一个对应的关系，彼此互动和感通，形成一个活动的生命统一体，具有反思、认知、思考、理解的功能，同时能够创造语言、知识、价值、文化与文明。人的自我本体的存在，从潜在的心灵活动，形成自觉的心灵活动，并在外在性的经验感应之下，形成复杂的思维理性，并锻炼出意志力量，从而创造知识与价值，拓展与提升客观世界与主体世界，形成内在性的自我超越以及外在性的外在超越，把人的根源性与人的目的性的活动也带入人的自觉意识之中，形成行为与实践的动力或信仰及理想的潜力。在文化中创造新的文明，包含科技文明、超智能机器人文明等等。同样，此一自我超越的内在性与外在性在统一的基础上更能统合人生价值与社会价值，形成一个整体的生命伦理，使人具有实现自我的不同程度的完美性。

由于时空的转变和人的创造性的存在，如何取得相应的理解与认知，这就需要所谓诠释。诠释是对主体与客体之间的关系或自身内在的关系的意义的彰显，使本体的自我有一个相应的理解和认知。至于如何做到一个新的诠释，从方法论来说，就必须考虑到整体的经验。此一整体的经验，由于其丰富的关系性以及与历史时空和未来时空的关联，必须进行认知的分析。从逻辑分析到概念分析，以及不同层次的语言分析。经过分析，我们对客体与主体的整体理解，就有一个结构性的认识。但是分析离不开整体化，而所谓诠释，基本上就在整合各种分析的因素，形成一个生动的整体形象，可以成为生命实践的指导与规范，有利于达到生命发展的目标，使人的自我存在的潜力得到充分的发展与实现。

在此意义下，本文提出“生命十性论”，以作为诠释与理解本体的内外在资源。所谓十性，只是就潜力来说，是需要人自身来修持与发展的，这是对人存在的一种挑战，也显示人的自我诠释的极致。除了上述分析整合诠释的过程，更在于人的意志的价值判断与具体实践，才能达到人的自身的充分发展。本文提出了本体的概念，诠释的概念，两者实际发生的体验与经验，以及自我主体的有意识的与有智慧的行为实践。因此十性诠释之说并非虚说，但我们仍然可以把它看成是一个框架，允许更丰富的发展和充实。最后必须强调，由于诠释的多元性与无穷性，可说因应世界的变化而变化。同时也能够赋予变化一个价值的形式，这是本体诠释学天人合一的基本精义。

附录

成中英著作目录

英文著作

Peirce's and Lewis's Theories of Induction. The Hague: Martinus Nijhoff Publishing Company. 1969.

Tai Chen's Yuan Shan (Bilingual Chinese-English text with essay in Chinese). Hong Kong: South Sky Book Company. 1969.

Tai Chen's Inquiry into Goodness: A Translation of the Yuan Shan, With an Introductory Essay. Honolulu: The East-West Center Press. 1971.

Philosophical Aspects of the Mind-Body Problem. (Ed.) Honolulu: University of Hawaii Press. 1975.

*Distribution of Power and Rewards: Proceedings of the International Conference onDemocracy and Social

Justice East and West 1988. (Edited with James Hsiung) Washington, D. C.: University Press of America. 1990.

New Dimensions of Confucian and Neo-Confucian Philosophy. Albany: State University of New York Press. 1991.

Contemporary Chinese Philosophy. (Edited with Nicholas Bunnin). Boston and Oxford: Blackwell Publishers Ltd. 2002; *Contemporary Chinese Philosophy* (Korean Translation) . Seoul: Seokwangsa Publishing Company. 2005.

Philosophy Yi (*Journal of Chinese Philosophy Supplement*) : *Unity and Dialectics*. (Edited with On-cho Ng) . Boston and Oxford: Blackwell Publishers Ltd. 2010.

The Primary Way: Philosophy of Yijing. New York: Sunny Press. 2020.

The Philosophy of Change: Comparative Insights on the Yijing. New York: Sunny Press. 2023.

中文著作

《中国哲学与中国文化》，台北：三民书局股份有限公司，1963 年。

《科学真理与人类价值》，台北：三民书局股份有限公司，1963 年。

《现代逻辑暨科学方法论基础术语辞典》(主编)，台北：联经出版事业公司，1983 年。

《中国哲学的现代化与世界化》，台北：联经出版事业公司，1985 年。

《知识与价值：和谐、真理与正义之探索》，台北：联经出版事业公司，1986 年。

《中国现代化的哲学省思——传统与现代理性的结合》，台北：三民书局股份有限公司，1988 年。

《文化·伦理与管理——中国现代化的哲学省思》，贵阳：贵州人民出版社，1991 年。

《世纪之交的抉择——论中西哲学的会通与融合》，上海：知识出版社，1991 年。

《论中西哲学精神》，上海：东方出版中心，1991 年；北京：中国人民大学出版社，2005 年。

《知识与价值：成中英新儒学论著辑要》(李翔海编)，北京：中国广播电视出版社，1996年。

《超越时空的管理智慧之光》(与周瀚光合编)，上海：中国纺织大学出版社，1997年。

《C理论：中国管理哲学》，上海：学林出版社，1999年；北京：中国人民大学出版社，2006年；北京：东方出版社，2011年修订版。

《本体与诠释》，北京：生活•读书•新知三联书店，2000年。

《合外内之道——儒家哲学论》，北京：中国社会科学出版社，2001年。

《创造和谐》，上海：上海文艺出版社，2002年；北京：东方出版社，2011年。

《从中西互释中挺立：中国哲学与中国文化的新定位》，北京：中国人民大学出版社，2005年。

《成中英自选集》(汤一介主编)，济南：山东教育出版社，2005年。

《成中英文集•论中西哲学精神》一卷，武汉：湖北人民出版社，2006年。

《成中英文集•儒学与新儒学》二卷，武汉：湖北人民出版社，2006年。

《成中英文集·伦理与管理》三卷，武汉：湖北人民出版社，2006年。

《成中英文集·本体诠释学》四卷，武汉：湖北人民出版社，2006年。

《易学本体论》，北京：北京大学出版社，2006年；北京：商务印书馆，2020年增订版。

《文化·伦理与管理》，北京：东方出版社，2011年。

《美的深处：本体美学》，杭州：浙江大学出版社，2011年。

《成中英太极创化论》，杭州：浙江大学出版社，2012年。

《文化管理——2010年东西方文化与管理国际学术研讨会论文集》（与孔令宏合编），杭州：浙江大学出版社，2013年。

《新觉醒时代：论中国文化之再创造》，北京：中央编译出版社，2014年。

《从中西会通到本体诠释——成中英教授访谈录》（与杨庆中合著），北京：中国人民大学出版社，2013年。

《成中英文集·本体诠释学（一）》第一卷，北京：中国人民大学出版社，2017年。

《成中英文集·本体诠释学（二）》第二卷，北京：中国人民大学出版社，2017年。

《成中英文集·儒家哲学的本体重建》第三卷，北京：中国人民大学出版社，2017年。

《成中英文集·儒学、新儒学、新新儒学》第四卷，北京：中国人民大学出版社，2017年。

《成中英文集·儒家与新儒家哲学的新向度》第五卷，北京：中国人民大学出版社，2017年。

《成中英文集·世纪之交的抉择——论中西哲学的会通与融合》第六卷，北京：中国人民大学出版社，2017年。

《成中英文集·中国哲学与世界哲学》第七卷，北京：中国人民大学出版社，2017年。

《成中英文集·C理论：中国管理哲学》第八卷，北京：中国人民大学出版社，2017年。

《成中英文集·伦理与美学》第九卷，北京：中国人民大学出版社，2017年。

《成中英文集·皮尔士和刘易斯的归纳理论》第

十卷，北京：中国人民大学出版社，2017 年。

《易经文明观：从易学到国际政治新思维》（与黄田园合著），北京：东方出版社，2017 年。

《中国古典政治哲学发微》，北京：商务印书馆，2021 年。

《中西哲学论》，北京：商务印书馆，2021 年。

图书在版编目(CIP)数据

我的治学渊源和精神/(美)成中英著.—长沙:岳麓书社,2024.6
(吾道文丛/万俊人主编)
ISBN 978-7-5538-1906-8

Ⅰ.①我… Ⅱ.①成… Ⅲ.①哲学—文集 Ⅳ.①B-53

中国国家版本馆CIP数据核字(2023)第157251号

WO DE ZHIXUE YUANYUAN HE JINGSHEN

我的治学渊源和精神

作　　者:成中英
丛书主编:万俊人
策划编辑:黄友爱
责任编辑:刘　文　刘小敏
责任校对:舒　舍
封面设计:赤　徉

岳麓书社出版发行
地址:湖南省长沙市爱民路47号
直销电话:0731-88804152　0731-88885616
邮编:410006

版次:2024年6月第1版
印次:2024年6月第1次印刷
开本:787mm×1092mm　1/32
印张:10　插页:4
字数:154千字
书号:ISBN 978-7-5538-1906-8
定价:59.00元

承印:湖南省众鑫印务有限公司

如有印装质量问题,请与本社印务部联系
电话:0731-88884129